SERMONES DE GRANDES PERSONAJES BÍBLICOS

Tomo 8

Abraham el padre de la fe

Dr. Kittim Silva

EDITORIAL PORTAVOZ

La misión de *Editorial Portavoz* consiste en proporcionar productos de calidad —con integridad y excelencia—, desde una perspectiva bíblica y confiable, que animen a las personas a conocer y servir a Jesucristo.

De la serie: *Sermones de grandes personajes bíblicos.*

EDITORIAL PORTAVOZ
2450 Oak Industrial Drive NE
Grand Rapids, Michigan 49505 USA
Visítenos en: www.portavoz.com

ISBN 978-0-8254-1941-6 (rústica)
ISBN 978-0-8254-0596-9 (Kindle)
ISBN 978-0-8254-8532-9 (epub)

1 2 3 4 5 / 18 17 16 15 14

Impreso en los Estados Unidos de América
Printed in the United States of America

Dedicado al

Rvdo. Mario Marrero
1954-2009

Mi hermano, amigo y colega fue fundador de los ministerios "Somos más que vencedores", que incluyó los Hogares para adictos y alcohólicos en Florida, USA, y el Hogar para niños desamparados en Medellín, Colombia.

El Rvdo. Mario Marrero fue productor de música, compositor, pastor, misionero, evangelista y, sobre todo, un amigo sincero que marcó una gran diferencia en muchos de nosotros.

Con la compañía Tropisounds se destacó firmando a reconocidos cantantes como Bobby Cruz, Richie Ray, Alex D'Castro, Jeff Morales, José "Papo" Rivera, Domingo Quiñones, Tony Vega, MC Charles, Julissa Arce Rivera y otros.

Después de un fructífero ministerio, tras haber luchado durante los últimos cinco años de su vida contra un cáncer terminal, finalmente terminó con la mano puesta en la espada. Nada lo detuvo en el trabajo para el reino de Dios. Recuerdo haberle dicho a mi amigo estas palabras: "Mario, los últimos cinco años de tu vida han sido más productivos que todos los otros años de ministerio". Y en su última predicación en la iglesia del Nuevo Testamento de Río Piedras, Puerto Rico, citó esas mismas palabras dichas por mí, donde pastorea un amigo común, el Dr. Alex D'Castro, quien ha dicho de él: "Mario fue único". Yo le añado: "Una pieza de colección humana".

Con 55 años de edad, mi amigo Mario Marrero fue llamado a estar con el Señor Jesucristo. El día 21 de enero de 2009 me tocó predicar en su funeral, rodeado de la presencia de amigos, familiares y cantantes de salsa, ahora creyentes.

El Rvdo. Mario Marrero siempre será recordado por todos aquellos que compartimos con él. Su estilo pausado al hablar, su caminar lento, su sinceridad y honestidad hicieron de él un ser admirado. La tierra perdió a un guerrero de fe, pero el cielo ganó un trofeo de fe. En el presente, mi amigo Mario Marrero, al que le gustaba vestir bien combinado, está vestido de lino fino y blanco, con una palma en su mano y la corona de la vida eterna.

CONTENIDO

PRÓLOGO

Nuevamente ofrezco al público evangélico otra colección de sermones expositivos que he compartido, como siempre, desde el púlpito de la *Iglesia Pentecostal de Jesucristo de Queens* (IPJQ). Esta serie lleva como título: *Abraham, el padre de la fe.*

Dos cosas importantes me han ocurrido en mis últimos 20 años como homileta:

(1) Aunque me toma más tiempo, he decidido escribir los sermones, y así permitir al lector y a los predicadores acercarse más a mi manera de reflexionar teológicamente cuando presento y aplico la historia bíblica.

(2) Defiendo más la *predicación expositiva*, ya que la misma le permite al expositor observar con atención el texto bíblico y, sin forzar el mismo, poder descubrir lecciones prácticas y contextuales. Los sermones expositivos le permiten al miembro local de la comunidad de fe mantener una continuidad del pasaje bíblico o la historia bíblica, a medida que las homilías son expuestas. Predicar sobre un perfil bíblico o un personaje de la Biblia relaciona al oyente con el contexto de aquel y con su propio contexto. La historia bíblica se transforma en su propia historia.

Abraham es un personaje maravilloso, de quien disfrutamos al estudiar su perfil biográfico, su peregrinación nómada, a su sobrino Lot, a su esposa Sara, a su concubina Agar, sus debilidades, su relación con Dios y su fe ejemplar. Descubrimos que él y nosotros nos parecemos en muchas cosas. Y eso nos deja entrever que Dios trata con personas normales y corrientes como tú y yo.

Abraham fue un creyente común en el mundo en que vivió, y quien por causa de Dios hizo cosas extraordinarias. Vivió una vida normal, y hasta anormal, presentando un paradigma de fe, de valor, de confianza, de esperanza y de propósito de Dios en él y con él.

Abraham se retrata como un teísta, al cual se le reveló Dios como Jehová que habló con Él, negoció con Él y hasta llegó a enojarse con Él. Abraham es el hombre que tiene fe para encontrar a Dios, pero miente diciendo que Sarai es su hermana para proteger su vida ante Faraón (Gn. 12:11-20) y para tener ventajas económicas; luego repite una escena similar ante Abimelec, rey de Gerar, pero ahora indica que ella es su media hermana (Gn. 20:2-13) para así proteger "su pellejo" (su vida); simplemente porque un sentimiento de miedo se apoderó de él.

Abraham es probado hasta el máximo de su fe cuando el propio Dios que le dio promesas sobre el hijo milagroso, el de la promesa, Isaac, le ordenó sacrificar al mismo. Abraham, sin ambages ni escapatoria, aceptó la orden que era contradictoria con su razonamiento pero aceptable a su fe: que aun de los muertos ese hijo podía ser restaurado.

Abraham es el padre de familia que por la ligereza de Sarai, quien le ofreció a la esclava Agar como concubina, tiene un hijo llamado Ismael. Cuando ambas mujeres riñen, él se pone del lado de Sarai, dejándola disponer de Agar como ella quisiera; el ángel de Jehová salió en su auxilio cuando ella huyó primero, y le dio cuidado cuando luego fue expulsada de la familia de Abraham. Y fue Abraham mismo quien tuvo que echarla junto con su hijo.

Abraham es el padre que cuidó del hijo de la promesa, pero a la vez proveyó para sus otros siete hijos: uno de Agar y seis de Cetura. Y ya viejo, separó a todos sus hijos del hijo de la promesa. De esa manera daba por sentado que el propósito divino está por encima de los lazos filiares.

Abraham llegó a viejo siendo fuerte y vigoroso, tomando decisiones familiares y viviendo una vida longeva y disfrutada, ejemplo de fe encarnada.

Mi intención con esta serie de 18 sermones ha sido la de compartir con los oyentes, y ahora con los lectores, la vida de un hombre que afectó positivamente a toda una generación y a las generaciones posteriores; un hombre que es considerado el *padre de la fe* y el precursor del culto monoteísta, que en un mundo politeísta era una teología rara, y por qué no decir extraña. Tres religiones en el mundo comparten este patrimonio de fe: el judaísmo, el cristianismo y el islamismo; las tres monoteístas. Sus practicantes convergen y reclaman la paternidad abrahámica.

El haber tomado este perfil bíblico sobre *el padre de la fe*, el haberme acercado a mirar por las ventanas de la vida de Abraham dentro del marco referencial de su época y desde nuestra época, ha sido otra aventura homilética y exegética. Personalmente, mi fe se ha enriquecido muchísimo, y mi propio ministerio ha sido alumbrado con las disertaciones de *Abraham, el padre de la fe*.

El lector notará que en el sermón 9, titulado *El pacto con Abraham,* empleo el nombre de Abraham. En los sermones 1 al 8 me refiero al patriarca como Abram únicamente. Hago esto para evitar confusiones y así poder estar en consonancia con el cambio de nombre que hace Dios. De igual manera, sigo el mismo principio con el nombre de Sarai, que también fue cambiado por Sara.

Creo mucho en la predicación contextualizada, la cual se formula al reconciliar el contexto bíblico (histórico, antropológico, sociológico, teológico y hermenéutico) con el contexto del predicador (su persona, su entorno social, su praxis teológica y el estudio inductivo o deductivo); y que de alguna manera se reconcilia con el contexto del oyente (su realidad existencial, sus problemas comunes y su búsqueda de respuestas bíblicas). Hoy día se habla mucho del macrocontexto y del microcontexto, lo cual permite al hermeneuta, y al homileta, tener un mayor acercamiento a lo que dijo Dios y lo que dice Dios.

Cada serie de predicaciones en la cual me embarco con la IPJQ, que es donde primero predico, es una nueva aventura que nos lleva por rutas que jamás pensábamos recorrer. Juntos, la IPJQ y yo reímos y lloramos ante el poder convincente de la Palabra. Es ante esa audiencia en vivo que domingo tras domingo hago teología y reflexión bíblica; el hambre de ellos por la Palabra es motivación para que yo pueda emprender estas largas aventuras homiléticas. Al oír ellos la Palabra expuesta y explicada, forman parte de un propósito divino por medio del cual estas prédicas salen de la frontera local y llegan a toda Latinoamérica.

Predicar en serie es un reto para cualquier predicador que vive con la pasión del púlpito. Algunos me han llamado "el romántico de la homilética", y otros me han llamado "el apasionado de la homilética". Sea como sea, soy un predicador que disfruta la tarea de la homilética y el predicar la Palabra divina. La predicación en serie exige unidad, continuidad, progreso y variedad. El predicador tiene que hacer mucha reflexión y mantener la dinámica como comunicador. El propósito de la serie debe lograr su objetivo. El efecto de la predicación es producir cambios en los oyentes. No se predica por predicar, ¡se predica para cambiar vidas!

Aquellos que son fanáticos de la homilética descubrirán una combinación de métodos y escuelas homiléticas en la manera en que me acerco al texto bíblico y desgloso el mismo. La observación y la construcción homilética en la predicación cautivan al predicador serio y disciplinado. Por sí solos, estos sermones son un ejercicio homilético tanto en su mecánica como en su entrega. Desde luego, la iluminación del *Espíritu Santo,* la dirección del *Hijo* y la voluntad del *Padre* no tienen métodos ni mecanismos. La predicación sin el auxilio de Dios es pura oratoria humana, puro discurso intelectual, entretenimiento auditivo. ¡Predicamos de parte de Dios!

A los predicadores quiero recomendarles que prescindan de muchas de las notas que empleé al presentar mis homilías. De utilizarlas, las pueden resumir un poco más dándoles alguna frescura a las mismas. Yo mismo como predicador edito mis propias notas al utilizarlas, quitando y añadiendo pensamientos. Antes de predicar algún sermón ayudado por estas notas, el predicador debe apasionarse con las mismas. La pasión ayuda al predicador a ser efectivo en la entrega del mensaje recibido por el Espíritu Santo. Esa pasión se alimenta con el estudio de las notas, la oración y la meditación en la Palabra a ser predicada. En este particular, el expositor bíblico no puede ser negligente.

Ahora, sin más rodeos, quiero invitarte a unirte conmigo en este recorrido expositivo. En las próximas páginas recibirás un mensaje de aliento y fortaleza y, sobre todo, serás ministrado mediante el poder del Espíritu Santo.

Rvdo. Dr. Kittim Silva B.
Tabatinga, Amazonas, Brasil

1

EL ANTECESOR DE ABRAHAM

"Y tomó Taré a Abram su hijo, y a Lot hijo de Harán, hijo de su hijo, y a Sarai su nuera, mujer de Abram su hijo, y salió con ellos de Ur de los caldeos, para ir a la tierra de Canaán; y vinieron hasta Harán, y se quedaron allí. Y fueron los días de Taré doscientos cinco años; y murió Taré en Harán" (Gn. 11:31-32).

Introducción

El padre de Abram se llamaba Taré, y después de él tuvo dos hijos más llamados Nacor y Harán, padre de Lot (11:27), que murió en Ur de los caldeos (11:28). Abram se casó con Sarai, y Nacor se casó con su sobrina Milca (11:29). De Sarai se dice que era estéril (11:30).

Taré, en compañía de Abram, de Lot y de Sarai, salió de Ur de los caldeos para ir a la tierra de Canaán, pero solo llegó con ellos hasta Harán, donde se quedaron por un tiempo y luego salieron, pero murió allí Taré a la edad de doscientos cinco años (11:31-32).

I. La genealogía

"Y vivió Nacor, después que engendró a Taré, ciento diecinueve años, y engendró hijos e hijas" (Gn. 11:25).

Taré fue la novena generación desde Sem, hijo mayor de Noé (Gn. 5:32; cp. 11:10-25). Abraham fue la décima generación desde Sem. Sus nombres fueron: Sem, Arfaxad, Sala, Heber, Peleg, Reu, Serug, Nacor, Taré y Abraham. Estas generaciones son un puente humano entre la familia salvada del diluvio y la inauguración del periodo patriarcal con Abraham. Se cree que el nombre *hebreos* se asocia con el biznieto de Sem, llamado *Heber* (11:4-17). El nombre *Heber* significa "el opuesto".

Taré es, por tanto, el último eslabón antes de la época patriarcal. Su nombre en hebreo, *Tarah,* se vincula con el culto caldeo al dios-luna, y en Harán hay un lugar llamado Turahi, que se parece al nombre Taré, y puede que tenga alguna relación tradicional con el mismo. Por otro lado, el nombre Taré significa "íbice" o "rebeco".

En Josué 24:2 leemos: "Y dijo Josué a todo el pueblo: Así dice Jehová, Dios de Israel: Vuestros padres habitaron antiguamente al otro lado del río, esto es, Taré, padre de Abraham y de Nacor; y servían a dioses extraños". Los descendientes de Sem se habían establecido al otro lado del río Éufrates, en la confluencia de los ríos Tigris y Éufrates, el antiguo huerto del Edén, en Ur de los caldeos: la actual Irak, conocida antes como Mesopotamia ("en medio de ríos"). Desde luego, Turquía hace sus reclamos arqueológicos y bíblicos para designar la ubicación del huerto del Edén al norte de su país, y afirma que allí nacen los ríos Tigris y Éufrates.

Tanto Taré como Abram y Nacor "servían a dioses extraños". Eran idólatras: adoraban al sol y a la luna, a la creación antes que al Creador. De ese trasfondo de confusión religiosa, de culto equivocado, de fe en las cosas inanimadas, Dios se revelaría en persona a un hombre llamado primero Abram y después Abraham.

Su padre Taré y su abuelo Nacor le enseñaron a rendir culto a "dioses extraños" en contraposición con el Dios "conocido"; o "al Dios no conocido" de los atenienses (Hch. 17:22-23), el cual Pablo predicó en el Areópago de Atenas. En Hechos leemos: "El Dios de la gloria apareció a nuestro padre Abraham, estando en Mesopotamia, antes que morase en Harán" (Hch. 7:2). De alguna manera, Dios ya se le había revelado a Abram en Mesopotamia; aunque no se menciona este encuentro en el Antiguo Testamento, sí se tiene el registro bíblico de esa revelación divina.

Cuando Dios tiene algún propósito con alguna persona, Él buscará la manera de comunicarse y de revelarse a ella. En esto se descubre la iniciativa divina. Dios es quien se hace presente y quien se revela a la vida de los seres humanos. En la persona de Jesucristo —Dios Hijo, la Deidad, la máxima comunicación de Dios al mundo—, Él dio la mayor revelación y la más completa comunicación.

II. El viaje

"Y tomó Taré a Abram su hijo, y a Lot hijo de Harán, y a Sarai su nuera, mujer de Abram su hijo, y salió con ellos de Ur de los caldeos para ir a la tierra de Canaán" (Gn. 11:31).

Taré fue padre de Abram, Nacor y Harán (11:27). En Génesis 11:26 leemos: "Después de que Taré cumpliera setenta años de edad, tuvo a Abram, a Nacor y a Harán". Es interesante ver los significados de estos nombres: "Nacor" significa "ronquido, resoplido". "Harán" significa "fuerte, iluminado"; él fue padre de Lot (11:27) y murió en Ur de los caldeos (11:28). Parece ser que Abram adoptó a Lot como hijo, ya que "Sarai era estéril, y no tenía hijo" (11:30). Nacor desaparece de la historia patriarcal, y no hay ningún indicio de sus actividades.

En las familias hay muchos como Nacor, que solo se les conoce por el nombre. Son los desaparecidos de las genealogías; se les nombra, pero no se sabe absolutamente nada de ellos. Aparecen y desaparecen entre las sombras del historial familiar; son ramas humanas que se secan y se caen del árbol genealógico. Su vida no influencia positivamente a nadie.

Taré se presenta como un padre con liderazgo familiar: "Y tomó Taré a Abram... Lot... y a Sarai... y salió con ellos de Ur de los caldeos para ir a la tierra de Canaán". Taré fue un hombre de autoridad espiritual en la institución de la familia. Su hijo mayor, su sobrino y su nuera le seguían.

Flavio Josefo dice: "Como Taré odiaba Caldea, por la muerte de Harán, todos emigraron a Carán, en Mesopotamia. Allí murió Taré y fue sepultado después de haber vivido doscientos cinco años" (*Antigüedades de los judíos*, tomo I [Terrassa: Editorial Clie, 1986], p. 25).

Taré fue el instrumento humano, sin él mismo saberlo, que usó Dios para tomar a Abram de la mano y sacarle de donde estaba, para llevarle a la tierra desconocida de la promesa. Pero también fue la misma persona que luego estancó a Abram. Taré nos recuerda a todos esos padres que acarician promesas, que luchan por alcanzar metas que ellos no disfrutarán ni alcanzarán, pero sus hijos y sus nietos sí lo harán. Tienen sueños que no verán cumplidos en ellos sino en sus hijos.

Dios usa a personas que, sin ellas mismas darse cuenta, son instrumentos de Él para que el propósito divino se cumpla en nuestras vidas. Unos abren puertas y otros las cierran; pero después, el tiempo y los acontecimientos dan testimonio de que unos y otros fueron instrumentos de Dios para cumplir su propósito en sus escogidos.

Es importante saber con quién estás conectado. Una buena conexión te relacionará con otra persona que podría ser la contestación a muchas de tus oraciones. Con quien esté yo relacionado determinará con quién más me relacionaré. Las buenas relaciones te ayudarán a avanzar, pero las malas relaciones te atrasarán en los caminos de Dios para tu vida. Al estar relacionados tú y yo con Jesucristo, ayudará a que otros, que se relacionen con nosotros, puedan también relacionarse con Él. Desde luego, también tenemos que desconectarnos de ciertas personas, de ciertos grupos, que en vez de ayudarnos a ser productivos, a motivarnos para realizar algo, nos afectan con esas relaciones. Es posible que en tu vida haya en este momento algún "Taré" a quien, sin él o ella darse cuenta, Jesucristo está usando para encaminarte hacia la ruta de su propósito celestial. ¡Solo el tiempo lo demostrará!

A muchas de las personas que nos cierran puertas tenemos que darles las gracias por habernos ayudado a mantenernos en el propósito de Dios para nuestra vida. Debemos decirles: "¡Muchas gracias por haber sido los "Taré" en mi vida! ¡Les agradezco porque estoy donde Dios me quería poner, y no donde yo quería estar!".

Cuando Saulo de Tarso, camino a Damasco, se tropezó con la persona de Jesucristo, cayó en tierra y no veía a nadie, pero leemos: "... así que lo tomaron de la mano y lo llevaron a Damasco. Estuvo ciego tres días, sin comer ni beber nada" (Hch. 9:8). Alguien tomó a Saulo y le llevó de la mano. Muchas son las manos que el Señor Jesucristo mueve para tomarnos y llevarnos hacia la realización de su propósito. ¿Habremos sido nosotros la mano que ayudó a alguien a realizar la voluntad de Dios? ¿Estará alguien esperando que lo tomemos de la mano?

III. El estancamiento

"... y vinieron hasta Harán, y se quedaron allí" (Gn. 11:31).

Desde Ur de los caldeos a la tierra de Canaán había dos mil cuatrocientos kilómetros, que Abram recorrería por fe (He. 11:8-10). De Harán a Siquem habían seiscientos cuarenta kilómetros. Harán está ubicada en la actual Turquía.

Abram recorrió con Taré más de dos terceras partes de la travesía. Pero así como Taré le ayudó a salir, también lo estancó. Cuando Taré llegó a Harán con su familia, leemos: "y vinieron hasta Harán, y se quedaron allí" (11:31). Taré representa el estancamiento, el no avanzar, el quedarse en el mismo lugar. Es un tiempo improductivo.

Muchos creyentes llegan con Taré a un lugar y se estancan ahí; no completan su viaje espiritual. Les gusta Harán y se hacen sedentarios espirituales. Pasan los años y permanecen en el mismo lugar. Su vida espiritual no progresa. Se adaptan al conformismo y pierden la visión espiritual. ¡Se vuelven rutinarios!

El autor José Ingenieros en su libro *El hombre mediocre* dice:

> "Los rutinarios razonan con la lógica de los demás. Disciplinados por el deseo ajeno, se encajonan en su casillero social y se catalogan como reclutas en las filas de un regimiento. Son dóciles a la presión del conjunto, maleables bajo el peso de la opinión pública que los achata como un inflexible laminador. Reducidos a vanas sombras, viven del juicio ajeno; se ignoran a sí mismos, limitándose a creerse como los creen los demás" ([Buenos Aires: Centro Editor de Cultura, 2006], p. 51).

Mientras Abram vivió con Taré en Harán, se estancó espiritualmente. Se cerró a la revelación divina. Se acomodó a la tranquilidad. Se conformó con lo poco que había alcanzado. Dejó de soñar para Dios, y dejó de soñar los sueños de Dios para su vida. Sin los sueños de Dios, la vida del líder es una pesadilla.

Así como Taré nos ayuda a salir, también nos ayuda a detenernos. Es un "acelerador", pero se transforma en un "freno". Nos saca de un lugar y nos deja en otro lugar. Muchos creyentes no conocen bien a Taré. Nos ayuda en un momento dado, pero no nos ayuda tiempo después.

Leemos: "Y fueron los días de Taré doscientos cinco años; y murió Taré en Harán". Antes de morir Taré, Dios le habló a Abram y le dio promesas personales, nacionales, de grandeza y de bendiciones, y la gran promesa mesiánica: "y serán benditas en ti todas las familias de la tierra" (12:3; cp. 12:1-2).

Todos los creyentes tenemos un Taré en nuestras vidas. Nos ha movido para sacarnos de un lugar, pero nos ha detenido en otro lugar. Ese Taré no nos deja avanzar. Es parte de nuestra familia. Hemos crecido con él. Estamos muy acostumbrados a su influencia. No nos atrevemos a movernos sin su permiso. Vegetamos en su presencia. Hibernamos en su pasividad. Nos petrificamos en su compañía. Tenemos que descubrir "qué" o "quién" es ese Taré que nos ayudó y que ahora no nos ayuda, que nos motivó y que ahora nos desactiva, que nos animó y que ahora nos desanima. Taré puede ser nuestro carácter; un temperamento sanguíneo, colérico, flemático o melancólico; puede ser un miembro de la familia, algún creyente o líder; alguna experiencia del pasado que fue buena pero ahora es mala. ¡Taré vive en todos nosotros! ¡Taré nos acompaña a todos nosotros!

Abram tuvo que tomar la sabia decisión de separarse de Taré, de dejarlo en Harán, y de proceder con el programa de Dios para su vida. Harán era una parada, no era un destino.

Leemos: "y murió Taré en Harán". Hasta que Taré no muera para muchos creyentes, y le hagan su funeral, el propósito de Dios en ellos y con ellos no se podrá reanudar. Taré tiene que morir para que Dios restablezca su voluntad en muchas vidas. Con la muerte de Taré renace una visión, se vuelve a soñar, se alinea la voluntad de uno con la voluntad de Dios. Cuando muere Taré, muchos se levantan y empiezan a avanzar. Terminan lo que dejaron a la mitad. ¡Deja que Taré muera en tu vida y en tu ministerio! ¡Hazle su funeral y entiérralo para siempre!

Verdades para ser aplicadas

1. El llamado de Dios va precedido por su revelación divina.
2. Alguien sin saberlo puede ser la mano que nos tome hacia el propósito de Dios.
3. Cuando Taré muere, ya hemos salido de Harán.

2

LA PROMESA A ABRAHAM

"Y haré de ti una nación grande, y te bendeciré, y engrandeceré tu nombre, y serás bendición. Bendeciré a los que te bendijeren, y a los que te maldijeren maldeciré; y serán benditas en ti todas las familias de la tierra" (Gn. 12:2-3).

Introducción

Dios le había ordenado a Abram dejar su tierra y su familia para ir a la tierra de la promesa (12:1). Le prometió hacer de él una nación grande, bendecirle, engrandecer su nombre y hacerle bendición (12:2). Y en su simiente, Dios bendeciría a las familias de la tierra, a causa del Mesías Jesús de Nazaret (12:3).

Abram tenía 75 años cuando salió de Harán para ir a Canaán, acompañado de su sobrino Lot y de su mujer Sarai, con bienes y con siervos que adquirió en Harán (12:4-5). En Canaán, llegó a Siquem, hasta el encino de More, y levantó altar a Jehová (12:6-7). Y luego, en Bet-el, levantó otro altar a Dios (12:8), y partió de allí, encaminándose al desierto de Neguev (12:9).

I. La orden

"Pero Jehová había dicho a Abram: Vete de tu tierra y de tu parentela, y de la casa de tu padre, a la tierra que te mostraré" (Gn. 12:1).

La expresión: "Pero Jehová había dicho a Abram" señala una declaración pasada, algo que ya Dios le había comunicado a Abram. Dios le habló a Abram por su Palabra. No hay sustitutos religiosos para la Palabra de Dios. *Sola Scriptura* y *Tota Scriptura* fueron consignas de la Reforma protestante del siglo XVI.

A Abram y a los patriarcas, Dios les hablaba audiblemente. A los discípulos neotestamentarios les habló personalmente por Jesús de Nazaret. A nosotros, Dios nos habla por el registro veterotestamentario y neotestamentario. Las emociones y las griterías de los predicadores, que son bulla emocional, nos hacen sentirnos bien, pero no revelan la Palabra de Dios, la cual se revela cuando se declara y afirma. El Libro Sagrado de Dios debe ser proclamado. Dice el Dr. Alfonso Ropero: "La predicación no es suficiente, tiene que ir avalada por su encarnación en la persona del predicador" (*Mártires y perseguidores*, [Terrassa: Editorial Clie, 2010], p. 25).

Dios asocia su Palabra con la obediencia de Abram. Sin obediencia a la Palabra de Dios no puede haber fe. En su soberanía, Dios llamó a Abram y lo envió. Aquellos que quieren las promesas divinas tienen que aprender a tener oídos abiertos para escuchar lo que Dios dice en su Palabra. Abram llegó a tener fe porque supo escuchar lo que Dios le decía y creía la Palabra de Dios.

"Pero Jehová había dicho a Abram...". Muchos esperan que Dios les hable por medio de otros. Escuchan lo que Dios ha dicho a otros en vez de buscar a Dios personalmente. Tenemos que abrir nuestros oídos para escuchar la voz de Dios. La fe se basa en lo que Dios dijo y en lo que Él dice en su Palabra.

La orden de Dios para Abram era: "Vete de tu tierra y de tu parentela, y de la casa de tu padre, a la tierra que te mostraré". Abram tenía que dejarlo todo para recibirlo todo. Muchos no responden efectivamente al llamado de Dios porque tienen muchas cosas que los atan a la cultura y a la familia. Las misiones nos invitan a ser transculturales. Las consignas de las misiones son: Si no vamos nosotros, ¿quién irá? Si no es ahora, ¿entonces cuándo?

Quien tiene muchas preferencias por su cultura o grupo étnico no podrá cumplir con eficacia la asignación que le pueda dar el Espíritu Santo. Jonás no disfrutó el masivo arrepentimiento de los ninivitas (Jon. 3:6-10) por el prejuicio que abrigaba hacia Asiria (Jon. 4:1-4, 10-11).

Flavio Josefo dice de Abram:

> Era un hombre muy inteligente, entendía todas las cosas y sabía convencer a los que lo escuchaban, y no se equivocaba en sus opiniones. Por eso concibió una idea más elevada de la virtud que los demás hombres, y resolvió cambiar la noción que en aquel entonces tenían acerca de Dios; porque él fue el primero en declarar que hay un solo Dios, creador

> del universo; y que si los demás seres contribuían en algo a la felicidad de los hombres, lo hacían en virtud del papel que tenían señalado por disposición divina y no por su propio poder. Estas opiniones le fueron inspiradas por los fenómenos naturales que observaba en la tierra y en el mar, como también en el sol, la luna y los demás cuerpos celestes. (*Antigüedades de los judíos,* tomo I, [Terrassa: Editorial Clie, 1986], p. 26).

La obediencia es la clave para que el propósito de Dios se cumpla en la vida del creyente. La desobediencia nos aparta del propósito de Dios. Negarnos a nosotros mismos es aceptar la revelación de Dios. Si quieres ser usado por el Espíritu Santo, sé obediente a Dios, a su Palabra, y a aquellos a quienes Él pone como tus líderes.

II. La promesa

"Y haré de ti una nación grande, y te bendeciré, y engrandeceré tu nombre, y serás bendición" (Gn. 12:2).

"Y haré de ti una nación grande". Dios hace que las naciones sean grandes por medio de hombres y mujeres que son sus asociados en la fe y en las promesas. Dios haría de Abram una nación grande, porque grande era la fe de Abram. ¿Qué quiere hacer Dios contigo? Muchas congregaciones son grandes porque Dios ha hecho grandes a sus líderes. Los ministerios crecen en la medida en que crecen sus dirigentes. El cuerpo debe crecer en proporción con la cabeza. Entender el propósito de Dios en nuestras vidas es tener una revelación de lo que Dios quiere hacer con nosotros y a través de nosotros en nuestra generación. Muchas congregaciones no crecen porque no han sabido dejar crecer a sus líderes, o bien si estos han crecido, aquellas no han sabido reconocer ese crecimiento. Son conformistas con el presente.

"Y te bendeciré". Lo que Dios declaraba para Abram era para bien. Tener la bendición de Dios es lo mejor que le pueda ocurrir a cualquier ser humano. Esta bendición sitúa a la persona en un estado de aceptación divina.

"Y engrandeceré tu nombre". Cuando Dios engrandece a un hombre o a una mujer, engrandece su nombre; lo da a conocer; lo hace ser reconocido por otros. Dios saca a la persona del cuarto del anonimato y la pone en el balcón del reconocimiento público. ¡Un "don nadie" se convierte en un "don alguien" por la voluntad de Dios! La fama dada por Dios dura mientras el hombre y la mujer de Dios se mantengan humildes, y reconozcan que son lo que son porque Dios los ha hecho ser lo que son. Toda la gloria es de Aquel que nos llamó a su obra y a su servicio. El síndrome de las alturas puede marear a muchos líderes, pues suben alto pero se olvidan de que así como suben tendrán que bajar. El liderazgo y el ministerio es subir y bajar.

"Y serás bendición". No solo Abram sería bendecido, sino que Dios también lo trasformaría en "bendición". Quien es bendecido tiene que llegar a ser "bendición" para otros. La bendición no puede ser pasiva, tiene que ser activa. ¡Somos bendecidos por Jesucristo para poder ser de bendición a otros!

"Bendeciré a los que te bendijeren". Bendecir, o hablar bien, o tratar bien a alguien bendecido por Dios es hacerse acreedor de la bendición que reposa sobre esa persona o que es esa persona. ¡Es un negocio redondo! ¿Quieres ser bendecido? Descubre a alguien a quien Dios bendice, y bendícele. El que bendice a la nación de Israel y bendice a la Iglesia de Jesucristo será igualmente bendecido.

"Y a los que te maldijeren maldeciré". Dios trata a las personas como ellas tratan a sus siervos. Ante Dios, lo que se siembra es lo que se cosecha; una buena siembra produce una buena cosecha, y una mala siembra produce una mala cosecha. Los que maldicen a un siervo o sierva de Dios se acreditan maldición. Las maldiciones son un *boomerang* que regresa a aquellos que las arrojan sobre los ungidos de Dios.

La historia pasada y presente ha demostrado que las naciones que han maldecido a Israel han sido ajusticiadas por la mano de Dios, y aquellos que han maldecido a la Iglesia de Jesucristo han pagado graves consecuencias.

"Y serán benditas en ti todas las familias de la tierra". Esta es una promesa mesiánica, que se cumplió en Jesús de Nazaret, descendiente de Abram. En Abram ha sido bendecida la tierra completa. El mundo también puede ser bendecido por cada uno de nosotros.

III. La obediencia

> "Tomó, pues, Abram a Sarai su mujer, y a Lot hijo de su hermano, y todos sus bienes que habían ganado y las personas que habían adquirido en Harán, y salieron para ir a tierra de Canaán; y a tierra de Canaán llegaron" (Gn. 12:5).

Así como Taré tomó a Abram, y a Sarai y Lot, Abram tomó a estos dos últimos para salir de Harán y viajar hacia Canaán. Esta era ahora su familia. Donde Dios lo enviara, ellos también le acompañarían.

Hombres y mujeres de fe construyen familias de fe. El nombre "Lot" significa "escondido, cubierto, de color oscuro". Estos significados encajan perfectamente en el comportamiento futuro de Lot. Dios no le ordenó a Abram que se llevara a Lot con él, sino que Abram decidió llevarlo, y eso le causaría futuros problemas.

El tiempo en Harán, que por cierto fue una gran demora, sirvió para que Abram y Lot se enriquecieran con bienes materiales y con siervos. Aun en las demoras y en los retrasos del creyente, Dios muchas veces le prospera. En la vida, muchas cosas no salen como queremos, pero Dios hace que salgan como Él quiere. En la espera, Dios puede mostrar su gracia.

"Y salieron para ir a tierra de Canaán". Abram sabía hacia dónde iba, y los que lo acompañaban también. Cuando el líder no sabe hacia dónde se encamina, menos lo saben los que le siguen. Líderes desorientados no pueden orientar a nadie. La meta para ellos era Canaán, y nada ni nadie los podía distraer de su camino.

Flavio Josefo nos ofrece algunas citas muy relevantes sobre Abram:

> Beroso menciona a nuestro padre Abram sin nombrarlo. Cuando dice: "En la décima generación después del diluvio hubo entre los caldeos un hombre justo y grande, y entendido en la ciencia del cielo". Hecateo hizo algo más que nombrarlo; dejó todo un libro sobre él. Nicolás de Damasco, en el cuarto libro de su historia, dice: "Abram reinó en Damasco, siendo forastero, y habiendo llegado con un ejército de una tierra situada más allá de Babilonia que él llamaba Caldea. Poco tiempo después se trasladó con su familia a la tierra llamada entonces Canaán y que ahora se llama Judea. Fue cuando su posteridad se multiplicó y se convirtió en una multitud; en cuanto a esa posteridad, relatamos su historia en otro libro. El nombre de Abram sigue siendo famoso en Damasco, donde hay una aldea que se llama en su honor Residencia de Abram (*Antigüedades de los judíos*, tomo I [Terrassa: Editorial Clie, 1986], p. 26).

"Y a tierra de Canaán llegaron". Con metas se triunfa en la vida. Si queremos tener éxito en la vida, vamos a trazarnos metas. Dónde estamos y hacia dónde queremos llegar determinarán lo que lograremos. La meta de ellos fue Canaán, y a Canaán llegaron. Con objetivos claros y precisos, las metas se alcanzan; pero las metas a largo plazo se alcanzan con metas a corto plazo. Nunca esperes llegar a la cima si primero no das el primer paso. ¿Quieres escribir un libro? Pues comienza a escribirlo. ¿Deseas realizar un sueño? Comienza entonces a soñar. ¿Deseas un título académico? Comienza a estudiar. El deseo de lograr algo debe ir acompañado de una acción proactiva.

Sentados en Harán nunca llegaremos a Canaán. El nombre "Harán" significa "montañés" y "ruta de caravana". Tenemos que levantarnos y caminar esos 640 kilómetros. Eso toma tiempo, determinación y disciplina, pero se puede si lo intentamos. La ruta se hace más corta cuando comenzamos a avanzar. Un paso cada vez se convierte en muchos pasos. La meta se acerca a medida que caminamos. El poeta Antonio Machado señaló: "Caminante, no hay camino, se hace camino al andar".

IV. La llegada

"Y pasó Abram por aquella tierra hasta el lugar de Siquem, hasta el encino de More; y el cananeo estaba entonces en la tierra" (Gn. 12:6).

Al lugar donde llegó Abram, hoy día se le conoce como Nablus. Allí está el pozo de Jacob y los montes Ebal y Gerizim, y no muy distante, la tumba del patriarca José. A los peregrinos se les muestra a la distancia sobre un monte el encinar de More.

Abram llegó a donde Dios lo envió. La fe oye, obedece y llega al lugar destinado por Dios. La fe nos ayuda a alcanzar y a ver el propósito de Dios cumplido en nosotros y con nosotros.

Leemos: "Y apareció Jehová a Abram y le dijo: A tu descendencia daré esta tierra" (12:7).

Antes Dios le habló a Abram, ahora se le apareció y le habló: "A tu descendencia daré esta tierra". Abram vio la promesa de Dios, la pisó y la reclamó.

En Siquem, Abram levantó un altar de piedras a Jehová (12:7). De esta manera, se consagró él y consagró aquella tierra como posesión dada por Jehová. Plantó luego una tienda en un monte al oriente de Bet-el, con esta ciudad al occidente y al oriente tenía Hai, y allí levantó otro altar a Jehová: "E invocó el nombre de Jehová" (12:8). Aquellas ciudades fueron posteriormente conquistadas por Josué.

Abram se perfiló como un creyente de altar, un adorador de Jehová, un embajador del monoteísmo hebreo, que por revelación divina y desconocida daba a conocer el nombre de Jehová. A lo dicho por Jehová Dios, Abram respondió en una actitud de fe. Pero en Siquem no se detuvo el patriarca Abram. Leemos: "Y Abram partió de allí, caminando y yendo hacia el Neguev" (12:9). Esta fue otra acción de fe por parte del patriarca. Tenemos que caminar sobre las promesas divinas y reclamarlas por fe.

Verdades para ser aplicadas

1. La fe responde en obediencia a lo que Dios dijo y dice en su Palabra.
2. Dios bendice y hace que sus escogidos sean de bendición.
3. La fe nos invita a caminar sobre las promesas de Dios.

3

LA LLEGADA A EGIPTO DE ABRAHAM

"Hubo entonces hambre en la tierra, y descendió Abram a Egipto para morar allá; porque era grande el hambre en la tierra" (Gn. 12:10).

Introducción

Del Neguev, Abram se dirigió a Egipto a causa de una gran hambruna (12:10). Conociendo que Sarai su mujer era hermosa, le pidió que se hiciera pasar por su hermana a causa de los egipcios (12:11-13). La belleza de Sarai fue admirada en Egipto (12:14), y fue llevada a la casa de Faraón, quien presumiblemente se enamoró de ella y fue un benefactor de Abram (12:15-16). Faraón descubrió finalmente que ella era mujer de Abram, porque Dios hizo recaer castigo sobre la casa de Faraón por su atracción hacia Sarai. En consecuencia, les ordenó a ambos salir de Egipto (12:17-20).

I. La preocupación

"Y aconteció que cuando estaba para entrar en Egipto, dijo a Sarai su mujer: He aquí, ahora conozco que eres mujer de hermoso aspecto" (Gn. 12:11).

Sarai era una mujer ya entrada en años. Posiblemente tenía alrededor de 65 años, ¡pero se veía muy bien! Dios la estaba preservando y conservando para un propósito y un milagro futuros. A Abram le tomó años realizar el mayor descubrimiento en su matrimonio: "He aquí ahora conozco que eres mujer de hermoso aspecto". Se había acostumbrado tanto a ella, que nunca le había prestado atención a sus encantos femeninos. Abram andaba con la "Señora Belleza" y no se daba cuenta.

Muchos esposos son como Abram; tienen esposas muy atractivas, elegantes y hermosas, pero ellos ni cuenta se dan, aunque los inconversos sí se dan cuenta, las admiran y las piropean. Aunque la verdadera belleza es más interna que externa. Admira y piropea a tu esposa, y no les des esa oportunidad a los piroperos de este mundo para que lo hagan.

Muchos no valoran lo que tienen hasta que no se meten en problemas. ¿Conoces lo que Dios te ha dado? El diablo y el mundo muchas veces se interesan más en lo que tenemos que nosotros mismos. ¿Qué conocemos de nosotros? ¿Qué desconocen otros de nosotros? ¿Qué damos a conocer a otros de nosotros? ¿Qué no damos a conocer a otros de nosotros? ¿Qué nos dan a conocer otros de ellos? ¿Qué no nos dan a conocer otros de ellos?

La razón por la cual Abram emigró hacia Egipto era por el hambre que había en la tierra. Egipto siempre fue bendecida como nación por el valle fértil del Nilo. En la época de lluvias, el río Nilo se desbordaba y regaba toda esa área fertilizándola (41:57).

"Y aconteció que cuando estaba para entrar en Egipto..." (12:11). Este aparente descubrimiento de Abram tuvo lugar cuando ya estaba a punto de entrar en Egipto. Una preocupación imaginaria le hizo llegar a su propia conclusión. Muchos seres humanos, incluyendo creyentes, llegan a conclusiones muy ligeras sin bases serias y concretas que los respalden. Se imaginan lo que otros pueden pensar y decir, reaccionando con anticipación.

Abram dijo a su esposa: "He aquí, ahora conozco que eres mujer de hermoso aspecto". Tuvo que esperar a entrar en Egipto para así fijarse en su esposa y darse cuenta de que era bonita. ¿Por qué esperar situaciones amenazantes para que uno reconozca las cualidades de alguien?

II. El temor

> "y cuando te vean los egipcios, dirán: Su mujer es; y me matarán a mí, y a ti te reservarán la vida" (Gn. 12:12).

Abram está hablando por otros. Se estaba imaginando lo que los egipcios dirían: "Su mujer es". El temor a lo inesperado melló el carácter de Abram, paralizó su fe, lo hizo reaccionar presumiendo y suponiendo. Abram se preocupó más por él que por su compañera

Sarai: "y me matarán a mí, y a ti te reservarán la vida". Su temor le hizo verse a sí mismo como la víctima de su imaginación. "Y me matarán a mí". ¿Le tenía Abram miedo a la muerte? ¿No estaba preparado Abram para enfrentarse a la muerte? ¿Por qué el temor a la muerte asaltó la garita de su castillo?

Abram acusó a los egipcios sin tener pruebas convincentes y escuchadas por parte de ellos. Tenemos que cuidarnos de decir lo que otros no han dicho. Creer que los egipcios matarían a Abram por tener una esposa bonita era un argumento sin fundamento. ¡Era correr delante del caballo! Abram fue muy ligero en expresar sus pensamientos. Muchos pensamientos no se pueden publicar. El ser humano tiene que ser más cauteloso en lo que dice y en lo que se imagina.

"Y a ti te reservarán la vida". Abram se vio como el perdedor y a Sarai, como la ganadora. En él había una mezcla de sentimientos negativos y positivos; en términos psicológicos, un estado de ambivalencia emocional, lo cual produce crisis emocionales.

Pedro le preguntó al Señor Jesucristo acerca de Juan: "¿qué de éste?" (Jn. 21:21). A lo que recibió como respuesta: "Si quiero que él quede hasta que yo venga, ¿qué a ti? Sígueme tú" (Jn. 21:22). Yo lo parafraseo así: "Si a mí me da la gana que él no muera, y espere mi venida, eso no te incumbe a ti. Preocúpate de andar conmigo". En palabras crudas: "Pedro, no te metas en lo que a ti no te importa".

Lo que muchas veces pretendemos que se interprete como la preocupación por otros es más bien nuestra propia preocupación por nuestros intereses. La mayoría de las veces, cuando se dice lo que otros dicen es porque uno mismo lo está diciendo. Estas son acusaciones por asociación. Muchos dicen lo que otros dicen cuando en realidad son ellos mismos los presidentes del "Comité de lo que dicen".

III. La distorsión

> "Ahora, pues, di que eres mi hermana, para que me vaya bien por causa tuya, y viva mi alma por causa de ti" (Gn. 12:13).

No se nos dice en el registro de Génesis 11:29 que Sarai fuera hermana de Abram. Leemos: "Y tomaron Abram y Nacor para sí mujeres; el nombre de la mujer de Abram era Sarai, y el nombre de la mujer de Nacor, Milca, hija de Harán, padre de Milca y de Isca". Pero sí leemos que Nacor se casó con Milca, que era hija de Harán. Nada se nos dice de que Sarai fuera hija de Taré.

En Génesis 20:12 leemos lo dicho por Abram al rey Abimelec, quien también se enamoró de su esposa Sarai: "Y a la verdad también es mi hermana, hija de mi padre, mas no hija de mi madre, y la tomé por mujer". Lo legal era que Sarai, antes que todo, era la esposa de Abram. El patriarca debió decir la verdad de que Sarai era su esposa, y no tenía que presentarla como su hermana. Más adelante veremos cómo la mentira de Abram trajo juicio de Dios sobre este rey de Gerar y su casa.

Lo que hizo Abram se conoce como "ética situacional", en la cual se adapta la ética a la situación y no la situación a la ética, que es lo correcto. Y bíblicamente, la "ética situacional" es incorrecta aunque parezca que el fin justifica los medios.

Mentir es un pecado mencionado en el Decálogo y fue severamente sancionado por nuestro Señor Jesucristo. El creyente debe cuidarse de no mentir, y aquellos que están en el ministerio —pastores, líderes, predicadores o maestros— deben tener mucho cuidado de no mentir. La exageración es mentir; inventar testimonios y hacerlos más sensacionales al oído es mentir; dar números inflados es mentir; tomar el mérito de algo que hizo o dijo otra persona es mentir; pedir para una cosa y utilizar los fondos para otra cosa es mentir. ¡A Dios no se le puede ayudar con mentiras, sino con la verdad!

Cuando una persona se convierte, comienza testificando un 90 por ciento de lo que era y un 10 por ciento de lo que Jesucristo hizo en ella. A medida que su vida de fe se va desarrollando y va madurando como creyente, el testimonio será el 90 por ciento de lo que Jesucristo ha hecho en su vida, y un 10 por ciento de lo que esa persona fue en el mundo. El testimonio cristiano debe ser más acerca de Jesucristo que acerca de nosotros mismos. El Señor Jesucristo le encargó al que había estado poseído de una legión de demonios: "Vete a tu casa y a los tuyos, y cuéntales cuán grandes cosas el Señor ha hecho contigo, y cómo ha tenido de ti misericordia" (Mr. 5:19).

Abram declaró: "Para que me vaya bien por causa tuya, y viva mi alma por causa de ti" (12:12). Me gusta la expresión "para que me vaya bien por causa de ti". Abram estaba interesado en beneficiarse de Sarai, no en beneficiarla a ella. Se vio en peligro y adaptó su ética, afectando sus valores morales y su integridad como persona y como creyente en Dios. Solo le importaba que a él le fuera bien: "para que me vaya bien". Muchos son partidarios de esta postura: "para que me vaya bien". Si tienen que mentir, tergiversar la verdad u omitir información, lo hacen. Se ven ellos ante la situación, y no la situación ante ellos. Para Abram, Sarai sería la "causa" de que todo a él le fuera bien.

La verdadera ética se basa en principios morales, no en situaciones sociales que parezcan adversas. Hacer lo que es éticamente correcto es más importante que hacer lo que socialmente o psicológicamente parezca convenirnos como individuos.

IV. El efecto

> "E hizo bien a Abram por causa de ella;
> y él tuvo ovejas, vacas, asnos, siervos,
> criados, asnos y camellos" (Gn. 12:16).

Efectivamente, los egipcios se fijaron en Sarai y "vieron que la mujer era hermosa en gran manera" (12:14). Ante los príncipes de Faraón, Sarai gozó de elogios por su belleza y eso la introdujo a la casa de Faraón (12:15).

Dice Flavio Josefo:

> Cuando llegó a Egipto, sucedió lo que Abram había sospechado; la fama de la belleza de su mujer se había extendido por todas partes. El faraón, rey de Egipto, no se conformó con lo que le informaron, quiso verla personalmente, preparándose de antemano a gozarla. Pero Dios detuvo sus injustos deseos, enviándole una peste y una rebelión contra su gobierno. Cuando preguntó a los sacerdotes cómo se podría librar de las calamidades, le respondieron que su desdicha se debía a la ira de Dios por haber querido abusar de la esposa del extranjero. Dominado por el temor, preguntó a Sarai quién era y con quién había venido. Cuando supo la verdad, pidió disculpas a Abram; creyendo que la mujer era su hermana y no su esposa, había querido emparentar con él casándose con la mujer y no abusar de ella incitado por la lujuria. Le dio grandes riquezas y lo relacionó con los egipcios más eruditos, con quienes Abram conversó, destacando y aumentando su virtud y su reputación (*Antigüedades de los judíos*, tomo I [Terrassa: Editorial Clie, 1986], p. 27).

El aspecto físico ayuda a muchos seres humanos a llegar a lugares, posiciones y promociones que de otra manera les hubiera sido difícil o imposible alcanzar; pero lo favorablemente externo no lo es todo en la vida. Un cerebro vacío de conocimientos desprestigia un físico hermoso. La apariencia elogiada no lo es todo en la vida. Hay cosas más importantes que los logros y los reconocimientos. A muchos seres humanos, los logros, las posiciones y las adquisiciones son lo que les da identidad. Lo que ellos son se basa en lo que ellos han adquirido. La verdadera identidad está en quiénes somos y no en lo que tenemos.

El mar no se cansa nunca de tragarse los muchos ríos; así son aquellos que por más reconocimientos que se les confieran y logros que se les atribuyan, son insaciables y quieren más y más. Debemos ser como lagos, que alimentados por una corriente interna o por las acumulaciones de la lluvia, están saciados con lo que tienen.

El autor José Ingenieros dijo:

> Los hombres sin personalidad son innumerables y vegetan moldeados por el medio, como cera fundida en el cuño social. Su moralidad de catecismo y su inteligencia cuadriculada los constriñen a una perpetua disciplina del pensar y de conducta; su existencia es negativa como unidades sociales ([Buenos Aires: Centro Editor de Cultura, 206], p. 34).

Aquellas mujeres que han sido bendecidas con el regalo natural de la belleza deben utilizar sus encantos femeninos para dar gloria al Señor Jesucristo y dar testimonio de una buena relación con Él. ¡Mujer, utiliza tus encantos femeninos para predicar y hablar de Jesucristo a los que admiran tu belleza! ¡Mujer, cubre aquellos atributos físicos que no deben ser mostrados, y descubre esas virtudes del alma que deben ser mostradas!

A causa de Sarai, a quien Faraón consideraba hermana de Abram, y a él como su futuro cuñado, Abram fue prosperado por el monarca egipcio (12:16). La declaración de Abram, "para que me vaya bien por causa de ti", se cumplió al pie de la letra.

Sin embargo, a Dios le disgustó eso, e "hirió a Faraón y a su casa con grandes plagas, por causa de Sarai mujer de Abram" (12:17). Dios habría preferido que Abram hubiera declarado la verdad. Lo éticamente correcto era que Sarai era la esposa de Abram. Hay verdades que no se pueden negar. Faraón entonces entendió que Sarai era esposa de Abram y le confrontó: "¿Qué es esto que has hecho conmigo? ¿Por qué no me declaraste que era tu mujer?" (12:18; cp. 20:9-11). Un inconverso le predicó a Abram, padre de la fe monoteísta. Dios muchas veces utiliza a los inconversos para corregir a los creyentes cuando estos violan la ética. Hay inconversos con más valores éticos y morales que muchos cristianos. Faraón le dijo: "¿Por qué dijiste: Es mi hermana, poniéndome en ocasión de tomarla para mí por mujer? Ahora, pues, he aquí tu mujer; tómala, y vete" (12:19).

En primer lugar, Faraón le pregunta: "¿Por qué dijiste: Es mi hermana, poniéndola en ocasión de tomarla para mí por mujer?". Faraón se sintió engañado por Abram. Esa verdad distorsionada abrió la oportunidad para que Faraón se interesara en Sarai. La verdad es siempre amiga de Dios. Hombres y mujeres de Dios, cuidémonos siempre de decir la verdad. Mentir para quedar bien con otros, a la larga produce malas consecuencias.

En segundo lugar, Faraón le ordenó: "Ahora, pues, he aquí tu mujer; tómala, y vete". Faraón no quería mujer ajena. Aun en una cultura permisiva y polígama, Faraón tenía principios de moral. A saber, había que respetar a una mujer casada y no se le podía enamorar. Hay que respetar a las mujeres y hombres ajenos. Tener fantasías sexuales con la pareja de otra persona es también pecado.

Leemos: "he aquí tu mujer". Faraón devolvió lo que no era legalmente de él, lo que no le pertenecía. Sarai era la mujer de Abram y, por ende, una mujer prohibida. La ética nos enseña que la restitución es importante, al igual que un verdadero arrepentimiento.

"... tómala, y vete". Faraón echó a Abram con Sarai de su reino. Los "expulsó" a los dos. Fue lo mejor que hizo ese monarca pagano y polígamo. A causa de ella, ya había tenido severos problemas, y no quería tener más. Los cónyuges ajenos siempre traen problemas. El hombre sabio no se entremete con mujeres de otros, y la mujer sabia no se entremete con esposos de otras.

En Génesis 12:20 leemos: "Entonces Faraón dio orden a su gente acerca de Abram; y le acompañaron, y a su mujer, con todo lo que tenía". A Abram y a Sarai, "con todo lo que tenía", los sacaron de Egipto como personas *non-gratas*. Les cancelaron sus visas en Egipto, y Faraón se aseguró de que se fueran de su territorio. La "policía de inmigración" egipcia deportó a esta pareja de indocumentados. Por no ser sincero, el padre de la fe salió deshonrado, despedido deshonrosamente de Egipto. Allí perdió su testimonio.

En aquella ocasión, el futuro *padre de la fe* no supo descansar en la protección divina. En vez de entregarle su problema a Dios, él mismo trató de resolverlo a su manera. La fe tiene que emplearse en todos los aspectos de la vida.

Verdades para ser aplicadas

1. Las circunstancias a veces nos permiten conocer algo de una persona que quizá lo habríamos pasado por alto.

2. El temor muchas veces nos lleva a decir y a imaginarnos cosas sin fundamento.
3. La ética se basa en lo que es correcto de acuerdo a los principios morales.

4

LA SEPARACIÓN DE ABRAHAM

"Entonces Abram dijo a Lot: No haya ahora altercado entre nosotros dos, entre mis pastores y los tuyos, porque somos hermanos" (Gn. 13:8).

Introducción

Abram con Sarai y Lot, y con todas las pertenencias de ambos, regresaron por la misma ruta hasta Bet-el, al altar que había levantado a Dios (13:1-4). Tanto Lot como Abram tenían ovejas, vacas y tiendas, a causa de lo cual se les hacía difícil morar ya juntos (13:5-6). Entre los pastores de ambos grupos se desarrolló un conflicto de convivencia (13:7), pues parece que los pastos no eran suficientes para ambos. Ante tal crisis, Abram tomó la iniciativa de que ambos se separaran. Lot escogió la llanura del Jordán, yéndose al oriente, pero luego poco a poco fue poniendo sus tiendas cada vez más cerca de Sodoma (13:8-13). Abram, por su parte, recibió la promesa de Dios y se fue hasta Mamre en Hebrón, donde levantó altar a Jehová (13:16-18)

I. El viaje

"Subió, pues, Abram de Egipto hacia el Neguev, él y su mujer, con todo lo que tenía, y con él Lot" (Gn. 13:1).

Abram regresó de Egipto por la ruta del Neguev, en el valle al sur de Israel, acompañado de Sarai su esposa y de su sobrino Lot (13:3). Al salir de Egipto, Abram salió como un hombre rico en ganado y en bienes materiales. Egipto fue el lugar donde Abram prosperó materialmente. Allí se hizo rico; Dios le dio riquezas de Egipto ("el mundo"). Cuando Dios quiere dar prosperidad material a un creyente, se la da (12:16). Abram hizo una peregrinación que le llevó hasta Bet-el, donde había levantado altar a Jehová (13:3-4). Hay caminos en esta vida que tenemos que volver a repetir. No podemos olvidarnos de cómo los pasamos, porque un día volveremos por los mismos. Los círculos de la vida a veces terminan en el mismo punto en que comenzaron.

Como líder por muchos años, he aprendido que cuando uno sube a la posición más alta, ya no hay nada más sino bajar. Si hemos subido bien, y hemos considerado a otros, bajaremos bien y seremos considerados por otros. Pero si hemos atropellado mientras estábamos arriba, cuando bajemos, los atropellados que van subiendo nos atropellarán.

Abram salió buscando a Dios y regresó buscando a Dios. Volvemos por la ruta que nos lleva al altar de Dios. Una vida de altar es una vida de fe. Es un reencuentro de nuestro espíritu con el Espíritu del Creador. Nuestra alma debe llegar al lugar del reposo y del descanso espiritual. Nuestra relación personal con Dios es más importante que las bendiciones que de Dios recibimos. Servimos a Jesucristo no por lo que Él nos da, sino por lo que Él significa para nosotros.

II. La crisis

> "Y hubo contienda entre los pastores del ganado de Abram y entre los pastores del ganado de Lot; y el cananeo y el ferezeo habitaban entonces en la tierra" (Gn. 13:7).

Los que andan con una persona de fe son también bendecidos y prosperados. Leemos: "también Lot, que andaba con Abram, tenía ovejas, vacas y tiendas" (13:5). Un refrán popular dice: "Dime con quién andas y te diré quién eres". ¿Con quién estamos andando? ¿Con alguien que nos conviene o que no nos conviene?

Llegó el momento en que, a causa de los ganados de Abram y de Lot, la tierra se les hizo insuficiente para ambos. Leemos "Y la tierra no era suficiente para que habitasen juntos, pues sus posesiones eran muchas, y no podían morar en un mismo lugar" (13:6). El problema entre los pastores de Abram y los pastores de Lot era de espacio territorial. Con diálogo y acuerdos entre ellos, los problemas se podrían resolver rápidamente. Ellos necesitaban sentarse y hablar abiertamente el uno con el otro. Cuando los problemas no se conversan a tiempo, dan lugar a conflictos y a crisis personales. Los diálogos abiertos y francos ayudan a superar los conflictos y las barreras que crean las crisis.

El problema era: "y no podían morar en un mismo lugar". Era algo real; lo habían identificado, pero no buscaron una solución inmediata. El resultado fue: "Y hubo contienda entre los pastores del ganado de Abram y los pastores del ganado de Lot; y el cananeo y el ferezeo habitaban entonces en la tierra" (13:7). Mientras ambos clanes tenían contiendas y conflictos, una crisis se había desarrollado por parte de los pastores: dos enemigos potenciales eran sus vecinos: el cananeo y el ferezeo. Las crisis rompen alianzas y hacen potencialmente vulnerables a las partes en conflicto por parte de fuerzas externas.

El problema no era entre las ovejas del jeque Abram y el jeque Lot; era entre los pastores de ambos jeques. Las ovejas de un redil espiritual difícilmente pelean con las ovejas de otro redil. Son los pastores los que no se ponen de acuerdo, los que entran en conflicto, los que andan separados el uno del otro. Hoy día se necesita de un cuerpo pastoral que reconcilie sus diferencias.

III. La solución

"Entonces Abram dijo a Lot: No haya ahora altercado entre nosotros dos, entre mis pastores y los tuyos, porque somos hermanos" (Gn. 13:8).

El mayor habló al menor, el tío al sobrino, el que estaba en autoridad al que estaba bajo autoridad. Si Lot hubiera conocido a Abram como su autoridad espiritual antes de que el conflicto continuara escalando hasta proporciones incontrolables, habría buscado la sabiduría de su tío. Muchos subalternos no han tenido una revelación de su autoridad espiritual, y por eso la resisten y se rebelan contra la misma. Otros utilizan el título de "padre espiritual" más por manipulación que por sometimiento espiritual. Quieren ser hijos en desobediencia, en rebelión contra la autoridad inmediata, y hacer lo que les viene en gana. No tienen el ADN de su pastor ni de su obispo; es decir, la Actitud De Nosotros. Las autoridades espirituales establecidas por Dios deben ser respetadas, oídas, y obedecidas (Ro. 13:1-7). Es absurdo decir que uno está bajo autoridad y resistir la autoridad del que la ejerce. No prestar atención a la autoridad es rebelión contra la misma.

Abram reconoció que ese conflicto había producido una crisis personal "entre nosotros dos"; una crisis de grupos, "entre mis pastores y los tuyos"; y una crisis familiar "porque somos hermanos". Los conflictos afectan a primeras y a segundas personas. Tienen ramificaciones sociológicas. Notemos con qué sabiduría se expresó Abram: "No haya ahora altercado entre nosotros dos, entre mis pastores y los tuyos, porque somos hermanos". Abram fue un suavizador de relaciones, una "lija fina" de asperezas, un amortiguador de presiones, una emergencia de cuestas, un resorte de conflictos. De manera más clara y sencilla, fue un apaciguador, un pacificador, una persona que resolvía problemas, no que acrecentaba problemas. Era un solucionador humano.

Las crisis y los conflictos se resuelven cuando una de las dos partes involucradas toma la decisión de buscar una solución, y cuando la otra parte que se siente afectada acepta la solución o la enmienda expresada, y ambos llegan a un acuerdo beneficioso para los intereses personales mutuos y recíprocos.

Abram le permitió a Lot escoger hacia qué lugar quería dirigirse con sus pastores y sus rebaños (13:9). Lot se decidió por la tierra que en aquel entonces era tierra fértil de la llanura del Jordán, ubicada al oriente (13:10-11). Leemos: "y se apartaron el uno del otro" (13:11). Ese problema, esa crisis, ese conflicto, se resolvió con la separación. Cuando dos líderes ya no pueden estar de acuerdo, lo mejor es separarse. Cuando en vez de una visión se tienen dos visiones que chocan, lo mejor es que uno se vaya por un lado y el otro por otro lado. Dos visiones contrarias provocan división; muchas visiones en desacuerdo producen confusión. Una visión generalizada es univisión.

Desde luego, Dios nunca le dijo a Abram que se llevara con él a su sobrino Lot, sino que esa decisión la tomó Abram por su propia cuenta. Leemos lo que Dios le dijo a Abram: "Pero Jehová había dicho a Abram: Vete de tu tierra y de tu parentela, y de la casa de tu padre, a la tierra que te mostraré" (12:1). Pero luego leemos: "Tomó, pues, Abram a Sarai su mujer, y a Lot hijo de su hermano… y salieron para ir a tierra de Canaán; y a tierra de Canaán llegaron" (12:5).

Según Hechos 15:36-41, Pablo, quien aparece tomando el lugar de autoridad espiritual con Bernabé, le invitó a supervisar las obras ya establecidas. Bernabé insistió ante Pablo para que su sobrino Juan Marcos los acompañara. Pablo no quería, ya que Juan Marcos, cuando llegaron anteriormente a Panfilia, no quiso continuar con ellos. ¿Se justifica la reacción y decisión de Pablo? Leemos: "Y hubo tal desacuerdo entre ellos, que se separaron el uno del otro; Bernabé, tomando a Marcos, navegó a Chipre" (Hch. 15:39). La ruptura ministerial entre los apóstoles Pablo y Bernabé fue producida a causa de Juan Marcos. Bernabé en este caso no honró la postura de su autoridad espiritual, que era Pablo. En vez de quedarse del lado de lo justo y lo correcto, movido por intereses familiares optó por ponerse al lado de su sobrino. Pablo, por su parte, hizo equipo con Silas y salió encomendado por la iglesia pasando por Siria y Cicilia, donde confirmó apostólicamente dichas iglesias (Hch. 15:40-41). El Espíritu Santo le dio una nueva pareja en el ministerio.

Muchos líderes no saben estar a la sombra de otro árbol. Mi amigo, el Superintendente del Distrito Central de las Asambleas de Dios en Monterrey, México, el Pbro. José Inmar Valle, me ilustró esto en un restaurante en San Luis Potosí, y me dijo así: "Kittim, fui agricultor y aprendí que hay árboles que dan fruto cuando se siembran a la sombra de otro. Un ejemplo es el árbol de café, que necesita sombra de otros árboles. Pero otros árboles, si se les siembra a la sombra de otros, se malogran".

Bernabé a la sombra de Pablo daba buen fruto. Bajo la cobertura espiritual de Pablo fue un líder fuerte y reconocido. Cuando decidió emprender su trabajo independiente, su ministerio se apagó y terminó en la oscuridad del anonimato. Muchos ministerios dejan de alumbrar cuando se separan de otros. A muchos, Jesucristo los llama a ser primeros, pero a otros los llama a ser segundos. Cada creyente debe reconocer el lugar donde el Espíritu Santo le quiere posicionado.

Leemos: "Abram acampó en la tierra de Canaán, en tanto Lot habitó en las ciudades de la llanura, y fue poniendo sus tiendas hasta Sodoma" (13:12). Abram se quedó en la tierra de la promesa. Se mantuvo en la promesa de Dios. Lot buscó las ciudades de la llanura, "y fue poniendo sus tiendas hasta Sodoma". Sin la cobertura de Abram y fuera de la visión de aquel patriarca, Lot fue mudándose a Sodoma, la ciudad del pecado. De sus habitantes leemos: "Más los hombres de Sodoma eran malos y pecadores contra Jehová en gran manera" (13:13).

Dios le confirmó a Abram su promesa territorial, le hizo mirar esa promesa, y le dio palabra de que les bendeciría a él y a su descendencia (13:14-17). Leemos: "Abram, pues, removiendo su tienda, vino a morar en el encinar de Mamre, que está en Hebrón, y edificó allí altar a Jehová" (13:18).

Los hombres y las mujeres de fe remueven sus tiendas. Cuando Dios les habla, le obedecen; se mueven en dirección a la visión y a la Palabra divina. Me gusta esa expresión: "removiendo sus tiendas". Tenemos que salir de la zona roja, del lugar de la comodidad, del estado de la pasividad, de la tranquilidad monótona. Muchos no han llegado lejos en el propósito divino porque se han quedado estancados en la tienda de la pasividad y en la tienda de la pereza. No se atreven a salir de su estado de hibernación espiritual. Se sienten muy tranquilos con su presente "status quo".

El autor José Ingeniero dice:

> "La rutina es un esqueleto fósil cuyas piezas resisten a la carcoma de los siglos. No es hija de la experiencia; es su caricatura. La una es fecunda y engendra verdades; estéril la otra y las mata. En su órbita giran los espíritus mediocres. Evitan salir de ella y cruzar espacios nuevos; repiten que es preferible lo malo conocido a lo bueno por conocer. Ocupados en disfrutar lo existente, cobran horror a toda innovación que turbe su tranquilidad y les procure desasosiegos" ([Buenos Aires: Centro Editor de Cultura, 2006], p. 30).

Abram viajó hasta Mamre, en Hebrón, "Y edificó allí altar a Jehová". Lot nunca edificó un solo altar a Jehová. Para Abram, su fe y su adoración se complementaban (12:8; cp. 13:4). Lejos del altar nos alejamos del propósito divino; cerca del altar discernimos la voluntad de Dios.

Verdades para ser aplicadas

1. El camino a la adoración debe ser repetido por aquellos que tienen fe.
2. Cuando se comparte la fe de otros, nos beneficiamos.
3. Cuando los líderes ya no pueden reconciliar sus diferencias, es mejor que se separen.

5

LA LIBERACIÓN POR ABRAHAM

"Y recobró todos los bienes, y también a Lot su pariente y sus bienes, y a las mujeres y demás gente" (Gn. 14:16).

Introducción

Una coalición de cuatro reyes: Amrafel rey de Sinar, Arioc rey de Elasar, Quedorlaomer rey de Elam, y Tidal rey de Goim (14:2) declararon la guerra a otra coalición de reyes: Bera rey de Sodoma, Birsa rey de Gomorra, Sinab rey de Adma, Semeber rey de Zeboim, y Bela, conocida por Zoar (14:2).

El rey Quedorlaomer oprimía a la segunda coalición (14:4). En el valle de Sidim, que es el Mar Salado (Mar Muerto), se dieron cita para la guerra (14:3). Los reyes Bera de Sodoma y Birsa de Gomorra huyeron ante la opresión de la coalición de Quedorlaomer (14:10). Ambas ciudades cayeron ante el ataque de la coalición enemiga (14:11).

Y Lot, sobrino de Abram y habitante de Sodoma, cayó prisionero con todo lo que era de él (14:12). Uno de los que escaparon avisó a Abram en Mamre, donde Abram acampaba con sus aliados Escol y Aner (14:13). Abram con 318 criados "nacidos en casa" persiguió a la coalición enemiga y liberó a Lot con su gente y sus bienes (14:14-16).

I. El peligro

"Tomaron también a Lot, hijo del hermano de Abram, que moraba en Sodoma, y sus bienes, y se fueron" (Gn. 14:12).

Cuando un líder se sale de la visión y se distancia de la cobertura de su autoridad espiritual, se desconecta del propósito de Dios para su vida; y poco a poco va perdiendo los beneficios de la cobertura espiritual. Muchos fracasos ministeriales y de liderazgo se deben a la ausencia de cobertura espiritual. Es el caso de personas que quieren actuar y hacer cosas en el reino fuera de la autoridad espiritual. Todos tenemos que rendirle cuentas a alguien que esté en autoridad sobre nosotros. A cuántos líderes jóvenes y otros no tan jóvenes vemos con ínfulas de grandeza; ya no quieren ser asistentes, o número 2 o número 3, y deciden emprender su propia conquista. Con el tiempo, vemos a la gran mayoría de ellos frustrados, derrotados, atribulados o desanimados, porque se desenfocaron del propósito del Espíritu Santo y se distanciaron de estar al lado del hombre o la mujer de Dios.

Nunca te rebeles contra tu autoridad espiritual aunque sientas que no te ha tratado lo mejor que esperabas de él o de ella. Los rangos se honran, y la humildad que se expresa hacia los mismos demostrará tu nivel de aceptación de ese grado de autoridad. Esa autoridad espiritual, aunque no lo veas, tiene espiritualmente rayas, o líneas, o estrellas, o barras de autoridad espiritual.

Anteriormente leímos de Lot: "y fue poniendo sus tiendas hasta Sodoma" (14:12). Sin cobertura y dirección espiritual, Lot se fue desubicando y se fue acercando al lugar incorrecto. En el lugar incorrecto, Dios no puede honrar a las personas. Uno puede ser la persona correcta pero estar en el lugar incorrecto, y como consecuencia no hacer lo que es correcto. Muchos van "poniendo sus tiendas" hacia la zona atractiva, la zona de la comodidad, la zona del gusto propio, la zona donde se sienten bien, donde ellos pueden sobresalir y brillar por cuenta propia. Se van acostumbrando al fracaso, el cual interpretan como éxito.

En el encuentro de las dos coaliciones ya mencionadas, huyeron "Bera" (significa "mal") rey de Sodoma, y Birsa (significa "maldad") rey de Gomorra. Muchos cayeron en los pozos de asfalto que estaban en el valle de Sidim, y los demás buscaron refugio en el monte (14:10).

Dice Flavio Josefo sobre el particular:

> Cuando llegaron a las tierras de Sodoma, instalaron el campamento en el valle llamado Pozos de Betún, porque en aquel tiempo era un lugar lleno de pozo (fréata). Ahora, desaparecida la ciudad de Sodoma, el valle se transformó en un lago que se llama Asfaltites (*Antigüedades de los judíos*, tomo I [Terrassa: Editorial Clie, 1986], pp. 28-29).

Lot se asoció con líderes fracasados. ¡Y por eso fracasó! Un dicho popular afirma: "Dime con quién andas y te diré quién eres". El éxito de un creyente puede deberse, en parte, a la clase de asociaciones que realiza con otras personas. Escoge tu círculo de amigos cuidadosamente.

Leemos: "Y tomaron toda la riqueza de Sodoma y de Gomorra, y todas sus provisiones, y se fueron" (14:11). Desde el principio, ambas ciudades, mellizas en el pecado, estaban bajo maldición. Todo lo perdieron. Leemos: "Tomaron también a Lot, hijo del hermano de Abram, que moraba en Sodoma, y sus bienes y se fueron" (14:12). El que se fue acercando a la ciudad de Sodoma terminó viviendo en la misma. Lot se acostumbró a esa ciudad pero, por estar allí, perdió y fue tomado cautivo por la coalición enemiga. En Juan 10:10 leemos: "Él ladrón no viene sino para hurtar, matar y destruir; yo he venido para que tengan vida, y para que la tengan en abundancia".

II. El rescate

> "y recobró todos los bienes, y también a Lot su pariente y sus bienes, y a las mujeres y demás gente" (Gn. 14:16).

Un hermano de Escol y Aner escapó para llegar al encinar de Mamre el amorreo y avisar a Abram, aliado de ellos (14:13). Abram creía en las alianzas, sabía que en la unión está la fuerza. El espíritu de independencia o de autosuficiencia hace mucho daño. El ser humano fue creado para ser social y gregario. El Espíritu Santo en estos tiempos está estableciendo alianzas ministeriales. Lot se había separado de Abram. Se creyó autosuficiente. Pensó que quizá jamás lo necesitaría ¡Cuán equivocado estaba!

Quienes se alejan de una cobertura espiritual deben irse bien, deben salir con buenas relaciones, deben salir por la puerta del frente. Tarde o temprano necesitaremos esa cobertura espiritual.

Es interesante cómo aquel mensajero se refirió al padre de la fe como "Abram el hebreo" (14:13). Le dio un distintivo por su etnia. Pero a esa etnia escogió Dios para traer esperanza y luz al mundo. Nunca te sientas mal cuando alguien hable de ti como miembro de un grupo étnico diferente al de él o ella.

"Oyó Abram que su pariente estaba prisionero" (14:14). Aunque Lot se apartó de la visión y cometió errores garrafales, no por eso Abram se olvidó de él. Los hombres y las mujeres de fe siempre tienen oídos para la familia y se interesan en sus problemas. Lot se había olvidado de Abram, pero Abram no se había olvidado de Lot. Era como su padre espiritual, aunque era su tío biológico.

"Y armó a sus criados, los nacidos en su casa, trescientos dieciocho, y los siguió hasta Dan" (14:14). El padre de la fe preparó a sus asistentes y los equipó para aquella misión de rescate. No se puede salir a la guerra espiritual desarmado. La verdadera guerra espiritual no es un juego de vaqueros y de indios; es una batalla por el control espiritual.

Es interesante la expresión "los nacidos en casa". Estos son los que nacen en la visión, los que han sido discipulados. Aquellos que han llegado a conocer el corazón del líder, y de quienes él conoce sus corazones. Solo el tiempo dará testimonio de quiénes verdaderamente son "los nacidos en casa".

El mayor problema de muchos líderes es cuando son víctimas de personas que han tratado de ayudar ministerialmente. Personas que nunca se han casado con la visión del líder; personas que aparentemente se unen a la visión, aparentan que comparten la visión, hablan el lenguaje de la visión, pero en realidad no se entregan a la visión ni tienen el corazón en la visión; se pegan a la visión pero no se fusionan a la visión. Son aquellos que tienen su propia visión. Se acercan a un líder para utilizarlo para sus propios planes, pero no llegan para contribuir al desarrollo de la visión del líder. No están pensando en ver crecer a esa congregación, sino en cómo pueden desarrollar su propio e independiente ministerio pastoral.

No nos dejemos impresionar por el carisma de una persona, sino por su carácter; no seamos seducidos por los dones en un líder, sino por la cosecha del fruto del Espíritu Santo en tal persona. Un testimonio de calidad de vida es más importante que el álbum de testimonios de cruzadas.

Esos que son "nacidos en casa" son fieles a su autoridad espiritual; son "nacidos en casa", criados en casa, salen de la casa y volverán a la casa. Los "nacidos en casa" no se van de su casa, no son desertores aunque tengan la oportunidad. Su fidelidad es hacia su líder, y saben servir y honrar a sus líderes. Se puede confiar en ellos. Nunca traicionarán a aquel que les ha dado el apoyo. Aceptan sin rebelión la exhortación, son dóciles a la corrección y obedecen las órdenes que se les dan. Acompañan al líder en sus tareas más difíciles. Cuando muchos deserten, ellos permanecerán fieles y firmes en la trinchera de la batalla. Nunca los veremos presumiendo que saben más que el líder, o comparándose con el líder. ¡Son serviles y son dóciles! ¡Se dejan formar y moldear! Muchos líderes fracasan en implementar su visión y en cumplir sus sueños porque se han rodeado de asociados que no son "nacidos en casa" y, por lo tanto, no tienen el corazón del líder. Cuando un líder es bien reconocido, muchos se acercan buscando únicamente usar el nombre de ese líder. A ellos no les importa la persona del líder, les importa el nombre del líder. Estos son los tiradores de nombres, aquellos que siempre están diciendo: "Yo conozco a fulano y a mengano".

¡Cuidado con esa clase de líderes! Ya te lo ha revelado carne y sangre, para que no seas su víctima.

En estos trescientos dieciocho "nacidos en casa", Abram se multiplicó en su fe. Y con ellos, Abram persiguió a los enemigos "hasta Hoba al norte de Damasco" (14:15). Sabían seguir al líder y le apoyaban en el desarrollo de su visión. Los "nacidos en casa" se pueden armar y desarmar. Lucharán a favor del líder y nunca lucharán en contra del líder. Aunque se hagan fuertes, reconocerán el lugar que les corresponde. Honrar a su líder y sujetarse al mismo es su consigna de servicio.

Leemos: "y recobró todos los bienes, y también a Lot su pariente y sus bienes, y a las mujeres y demás gente" (14:16). ¡Misión cumplida! La "Operación de rescate hebreo" tuvo un éxito rotundo. Abram recuperó a Lot con las personas y con "todos los bienes". Su ministerio *rescatemos la familia* fue efectivo. La guerra espiritual lucha por recuperar a la familia. Familias restauradas forman iglesias fuertes.

Verdades para ser aplicadas

1. Sin cobertura espiritual se toman muchas decisiones erradas.
2. Solamente con "los nacidos en casa" el líder podrá realizar su visión.

6

LA BENDICIÓN A ABRAHAM

"Entonces Melquisedec, rey de Salem y sacerdote del Dios Altísimo, sacó pan y vino; y le bendijo, diciendo: Bendito sea Abram del Dios Altísimo, creador de los cielos y de la tierra; y bendito sea el Dios Altísimo, que entregó tus enemigos en tu mano. Y le dio Abram los diezmos de todo" (Gn. 14:18-20).

Introducción

Cuando Abram regresaba de haber derrotado a la coalición formada y liderada por Quedorlaomer, siendo constituida por este rey malo del reino de Elam, Amrafel del reino de Sinar, Arioc del reino de Elasar y Tidal del reino de Goim, de la Transjordania (14:1), Abram a su paso por el reino de Salem en la Cisjordania, como antiguamente se conocía a Jerusalén, se encontró con el rey y sacerdote Melquisedec (14:17-18). El rey de Sodoma lo recibió en el valle de Save, conocido posteriormente como valle del Rey, al sur de la actual Jerusalén (14:17).

El rey llamado Melquisedec e identificado como "sacerdote del Dios Altísimo", dio a Abram pan y vino y lo bendijo de parte del Dios Altísimo que le había dado al patriarca la victoria sobre sus enemigos (14:18-20). Sin tener razón o causa aparente para ello, Abram le pagó los diezmos de todo lo que despojó a sus enemigos (14:20).

El rey Birsa de Sodoma, que formó parte de los reyes aliados contra la coalición, le pidió a Abram los rehenes y le ordenó quedarse con el botín (14:21). Abram lo rechazó, porque no quería que se dijera por aquel rey: "Yo enriquecí a Abram" (14:23). Solo aceptó lo que comieron los jóvenes y los varones que lo acompañaron, y exigió lo que correspondía a Aner, Escol y Mamre (14:24).

I. La bendición

> "Entonces Melquisedec, rey de Salem y sacerdote del Dios Altísimo, sacó pan y vino, y le bendijo, diciendo: Bendito sea Abram del Dios Altísimo, creador de los cielos y de la tierra" (Gn. 14:18-19).

Es interesante que en el valle de Save, conocido también como "valle del Rey", al sur de la actual Jerusalén, el rey Bera de Sodoma salió para recibir y felicitar a Abram por su "Operación de rescate de la familia". Pero allí, Abram se encontró con otro rey que también era sacerdote del Dios Altísimo, llamado Melquisedec (que significa "mi rey es justicia" o "Sedec es mi rey"), que reinaba sobre Salem, la cual llegaría a ser una ciudad jebusea y luego israelita en la época del rey David, quien la conquistó y la constituyó en capital del reino.

Según el registro de Flavio Josefo, se declara lo siguiente:

> El rey de Sodoma se encontró con él en un sitio llamado Campo Real, donde lo recibió el rey de la ciudad de Solima: Melquisedec. Este nombre significa "rey justo"; y lo era, en opinión de todos. Por esa razón lo hicieron sacerdote de Dios. Y a Solima luego la llamaron Jerusalén (*Antigüedades de los judíos*, tomo I, [Terrassa: Editorial Clie, 1986], p. 29).

Melquisedec "sacó pan y vino" (14:18), lo cual representaba un acto de celebración y de confraternidad. En la última cena, el Señor Jesucristo compartió con sus discípulos "pan y vino" como símbolo de la Pascua cristiana que, como sacramento perpetuo de la Iglesia, señala su sacrificio vicario y expiatorio, donde el "pan" representa su cuerpo y el "vino" su sangre (Mt. 26:17-29; cp. 1 Co. 11:23-26). Durante la Pascua judía se tomaban cuatro copas de vino; en la tercera copa de vino fue cuando el Señor Jesucristo instituyó la Cena del Señor.

Se dice de aquel monarca: "Melquisedec, rey de Salem" (14:24). "Salem" significa: "paz". Allí, en "Salem", Melquisedec bendijo a Abram por el Dios Altísimo (El-Elyon) que había creado los cielos y la tierra (14:19).

La bendición por el mayor al menor ocupa siempre un lugar de importancia en los anales bíblicos. Melquisedec bendijo a Abram porque ocupaba una posición de autoridad espiritual sobre él. Pero Abram pudo reconocer esa autoridad espiritual. ¿Reconocemos nosotros a quienes Dios ha puesto sobre nosotros como autoridad espiritual?

Luego añadió Melquisedec: "Y bendito sea el Dios Altísimo, que entregó tus enemigos en tu mano..." (14:20). La victoria contra Quedorlaomer y su confederación enemiga fue posible porque Dios estaba de parte de Abram. Y por eso Melquisedec bendijo a ese Dios alto y supremo, que entregó los enemigos en la mano de su siervo Abram. Las guerras espirituales se ganan porque Dios lucha a favor de sus siervos. Dios defiende y protege a sus escogidos, y por eso debemos bendecirle. ¡Hablemos y digamos bien de Dios por los favores que nos hace!

"Y le dio Abram los diezmos de todo" (14:20). Abram creía en pagar "los diezmos de todo". El diezmo es una deuda que se le debe a Dios. Por lo tanto, si se le debe a Dios, lo correcto es pagárselo. Nosotros no determinamos cuánto pagar de diezmos, pues Dios dice que el diezmo es "de todo" lo recibido. Una manera sencilla de decirlo es que de cada diez, uno es de Dios; y de cada cien, diez son de Dios.

En Malaquías 3:8 Leemos: "¿Robará el hombre a Dios? Pues vosotros me habéis robado. Y dijisteis: ¿En qué te hemos robado? En vuestros diezmos y ofrendas". Dejar de diezmar y ofrendar por tacañería o interpretación teológica es un acto delictivo espiritual. Dios declara que quien no quiera diezmar ni ofrendar, le ha robado a Él. Muchos creyentes no gozan de prosperidad económica por el simple hecho de no ser diezmadores habituales. Antiguamente, el diezmo era el diez por ciento de la cosecha o del rebaño, pero hoy día es el diez por ciento de las entradas financieras. Muchos, para aplacar su conciencia, dicen que con su trabajo y tiempo están diezmando. El diezmo no es redimido con un diez por ciento del tiempo, ni un diez por ciento del servicio que se le dé a Dios. Es el diez por ciento de lo que ganamos o recibimos. No podemos inventar reglas cuando ya Dios las estableció.

El diezmo se lleva al alfolí; nosotros no determinamos a quién lo damos o a qué ministerio lo enviamos. Se debe entregar a la tesorería de la congregación a la cual pertenecemos, a no ser que una persona no sea miembro de ninguna comunidad religiosa y decida disponer de sus diezmos como crea conveniente, entregándolos a algún ministerio de su gusto.

¡Imagínate alguien que le haya robado a Dios o le esté robando! A una persona que no diezma no se le debe recomendar para ningún trabajo que tenga que ver con dinero. El que le roba a Dios le roba a cualquiera. Una persona que no diezma no debería tener posiciones de privilegios en la iglesia, no debería predicar, enseñar ni ser parte de ningún ministerio de música. Además, no debería recoger ni orar por la ofrenda. Porque alguien que no diezma no es bendecido por Dios ni puede bendecir a otros. Pero aquellos que diezman son personas bendecidas e inteligentes. Saben ser sabios en sus negocios y mantienen un pacto financiero con Dios. Creen en Dios y le creen a Dios. Si diezmar funcionó para Abram, Isaac y Jacob y funciona para los judíos, también funcionará para ti y para mí. Si tú no diezmas, pídele perdón a Dios y comienza ya a diezmar. No seas bobo, no pongas a Dios en contra de ti, sino a tu favor. ¡Diezma de todo y Dios te dará de todo! No dar los diezmos a Dios es retener la bendición de Él para uno. El que diezma desata sus finanzas, y la prosperidad siempre le acompañará. El mejor principio para la prosperidad es: "diezma en tu iglesia local".

Predicar de diezmos y enseñar de diezmos, cuando la persona que lo hace no lo practica, es una actitud de hipocresía, la cual desagrada a Dios. Es triste decirlo, pero una gran mayoría de los evangelistas no diezman, algunos se han casado varias veces, y no son miembros regulares con su asistencia a ninguna congregación. No dan el mejor ejemplo espiritual, aunque echan fuera demonios, gritan mucho y profetizan a todos. La autoridad para pedir diezmos está en que la persona que lo hace, lo practica. Muchos que nunca fueron practicantes habituales de entregar los diezmos entran al ministerio pastoral y luego exigen a otros que diezmen, cuando ellos mismos fueron no practicantes del diezmo.

Abram dio sus diezmos en el lugar correcto, a la persona correcta, de la manera correcta, con la cantidad correcta y con el propósito correcto. El diezmar es una expresión de fe, de gratitud y de adoración.

II. La renuncia

> "Entonces el rey de Sodoma dijo a Abram: Dame las personas, y toma para ti los bienes" (Gn. 14:21).

Era costumbre que al vencerse a un ejército enemigo o nación enemiga se tomaban esclavos y bienes. El rey de Sodoma se sentía con derecho a reclamarlo todo, pero solo le exigió a Abram las personas, no los bienes. Esa oferta sonaba bien, pero a Abram no le convencía. Hay negocios que la Iglesia no puede hacer con el mundo, ni el convertido con el inconverso. Todo lo que parece bien no significa que hará bien. El rey de Sodoma le reclamaba algo y le regalaba algo. El lenguaje del diablo es "dame" y "toma". Él pide algo y a cambio da algo. Es un negociador que busca obtener ventaja de todo. Con él no se puede negociar, pues es un tramposo al que no le gusta perder.

Abram le respondió a Bera rey de Sodoma: "... he alzado mi mano a Jehová Dios Altísimo, creador de los cielos y de la tierra, que desde un hilo hasta una correa de calzado, nada tomaré de todo lo que es tuyo, para que no digas: yo enriquecí a Abram; excepto solamente lo que comieron los jóvenes, y la parte de los varones que fueron conmigo, Aner, Escol y Mamre, los cuales tomarán su parte" (14:22-24).

"... he alzado mi mano a Jehová Dios Altísimo, creador de los cielos y de la tierra". Abram había hecho una promesa a "Jehová Dios Altísimo". A Él le había alzado su mano, comprometiendo su voluntad. Era un caballero de palabra. Los hombres y las mujeres de fe cumplen su palabra ante Dios y ante los demás.

"... que desde un hilo hasta una correa de calzado, nada tomaré de todo lo que es tuyo, para que no digas: Yo enriquecí a Abram". El padre de la fe no quería ni "hilo" ni "correas de calzado" del rey Bera de Sodoma. Nada tomaría de lo que era de él. Se conformaría con las bendiciones que Dios le había dado. No quería que este rey pecaminoso de una ciudad promiscua destinada con Gomorra al juicio divino y a la destrucción fuera a jactarse luego diciendo: "Yo enriquecí a Abram".

"... excepto solamente lo que comieron los jóvenes, y la parte de los varones que fueron conmigo, Aner, Escol y Mamre, los cuales tomarán su parte". Abram reclamó para sus trescientos dieciocho guerreros exoneración de lo que habían comido. Bien lo declaró el apóstol Pablo: "Pues la Escritura dice: no pondrás bozal al buey que trilla; y digno es el obrero de su salario" (1 Ti. 5:16). Aunque Abram rechazó su parte, fue justo en reconocer que Aner, Escol y Mamre, que lo acompañaron, tenían derecho a una parte de los bienes. Abram no les impuso a ellos el trato de Dios con él.

El hecho de que Dios trate contigo o conmigo de una manera no significa que igualmente lo aplicaremos a otros. Lamentablemente, en el pasado y aún en el presente, muchos predicadores han utilizado los tratos personales de Dios con ellos para imponérselos a los demás. Dios les ordena sembrar en alguien que tiene necesidad, y ellos les dicen a otros que son ellos los que tienen que sembrar. Dios les da una visión, pero ellos se pegan a la visión de otros para que les ayuden en su visión. Son aprovechados espirituales. Dios les ordena a ellos ayunar varios días, y ellos insisten en que otros también ayunen varios días. Dios los inquieta a orar dos horas diarias, y ellos exhortan a los demás a que también oren dos horas diarias.

Recuerdo en nuestra congregación a una hermana que un domingo declaró: "Pastor, la congregación tiene que entrar en un ayuno de siete días sin parar". Yo la escuché, toda la congregación la escuchó, y luego le dije públicamente: "Hermana, espero que este próximo lunes comience usted primero esos siete días de ayuno sin parar". Después de unos días, me llamó y me dijo: "Pastor, le pido perdón, no he podido hacer los siete días de ayuno". Y se curó de estar mandando a los demás hacer lo que el Espíritu Santo le revelaba a ella que hiciera.

Verdades para ser aplicadas

1. Los hombres y las mujeres de fe son agradecidos dando a Dios la parte de los bienes que Él les ha dado a ellos.
2. Los hombres y las mujeres de fe son cautelosos y cuidadosos en los negocios que hacen con el mundo; prefieren perder con este y ganar con Dios, y no ganar con el mundo y perder con Dios.

LA PROMESA A ABRAHAM

7

"Luego vino a él palabra de Jehová, diciendo:
No te heredará éste, sino un hijo tuyo
será el que te heredará" (Gn. 15:4).

Introducción

Dios se reveló a Abram y le dijo: "Yo soy tu escudo, y tu galardón será sobremanera grande" (15:2). Le habló del presente como su protección y del futuro como su recompensa. Abram entendió que Dios se refería a la promesa de un hijo, aunque no tenía hijo y veía como heredero a Eliezer su esclavo (15:2-3). Dios le revelo que no sería Eliezer, sino un hijo heredero de él (15:4). Con las estrellas del cielo, Dios le mostró a Abram la multiplicación de su descendencia (15:5), lo cual Abram aceptó por fe (15:6).

Respondiendo a la petición de Dios, Abram tomó una becerra, una cabra y un carnero, cada uno de tres años, con una tórtola y un palomino (15:9). Los animales los partió por la mitad, puso las mitades una frente a la otra, y ahuyentó a las aves de rapiña (15:10-11). Al sobrecoger el sueño a Abram, Dios le declaró que su descendencia moraría en tierra ajena y serían esclavos y oprimidos cuatrocientos años, pero de allí saldrían con gran riqueza (15:13-14). También dijo que Abram llegaría a la ancianidad (15:15) y, a la cuarta generación, sus descendientes regresarían a la tierra pisada por Abram (15:16). Ya oscureciendo, una antorcha de fuego pasó por entre los animales divididos, haciendo Dios pacto con Abram (15:17-18), y prometiendo la tierra a sus descendientes (15:19-21).

I. La revelación

> "Después de estas cosas vino la palabra de Jehová a Abram en visión, diciendo: No temas, Abram; yo soy tu escudo, y tu galardón será sobremanera grande" (Gn. 15:1).

Jehová Dios en visión le habló "la palabra" a Abram. La Palabra de Dios siempre se asocia a la fe, y sus promesas se esconden y revelan en su Palabra. La fe cree su Palabra y confiesa sus promesas.

"No temas, Abram". El enemigo número uno de la fe es el temor, que paraliza la confesión y la actuación de la fe. El temor retiene la fe, la aprisiona, no la deja liberar su potencial. El temor es un sentimiento negativo que obstaculiza el libre ejercicio de la fe. El temor es no atreverse a creer la Palabra y las promesas; es prestar más atención a las circunstancias y a los sentimientos negativos que a lo que Dios ha dicho y dice en su Palabra y por su Palabra.

"... yo soy tu escudo". El escudo es un arma defensiva. Dios sería para Abram su escudo de defensa y protección espiritual. Esa era una promesa de protección presente para el padre de la fe. Dios es escudo para todos los creyentes. En Él somos protegidos de los dardos, flechas, lanzas y espadas del enemigo. No nos tenemos que defender, pues Jesús de Nazaret nos defiende. Muchos andan siempre a la defensiva y no dejan que el Señor sea su escudo. Dios es para el creyente todo aquello que él necesite.

"Y tu galardón será sobremanera grande". Dios le dice a Abram: "La recompensa que recibirás será más grande de lo que te imaginas". Los hombres y las mujeres de fe que se atrevan a creer en fe y que se muevan a actuar en fe serán galardonados. La fe es siempre recompensada. La razón se opone a la fe, la lógica no entiende la fe. La razón dice: "eso puede ser", la lógica dice: "eso podría ser", pero la fe dice: "eso es".

Cuando Abram escuchó que Dios le quería dar un galardón, le preguntó: "Señor Jehová, ¿qué me darás, siendo así que ando sin hijo, y el mayordomo de mi casa es ese damasceno Eliezer?" (15:2). Abram no veía razón lógica para ser recompensado, ya que no tenía descendencia, y él ya había dispuesto en su corazón dejarle todo a Eliezer el damasceno, un esclavo mayordomo nacido en su casa. Ese nombre "Eliezer" significa "Dios es ayuda". Luego añadió: "Mira que no me has dado prole, y he aquí que será mi heredero un esclavo nacido en mi casa" (15:3). Según las leyes orientales de aquel entonces, en ausencia de un hijo heredero, hasta un esclavo podía llegar a ser el heredero. Me llaman la atención las expresiones "ando sin hijo" y "no me has dado prole". En ambos casos, la necesidad de Abram era apremiante, pues no tenía hijo. Ante Dios, esa era su petición. La fe se mueve expresando peticiones y reclamando promesas divinas.

II. La promesa

"Luego vino a él palabra de Jehová, diciendo:
No te heredará éste, sino un hijo tuyo
será el que te heredará" (Gn. 15:4).

Dios habló a Abram y Abram habló a Dios. La fe lleva a un diálogo con la Palabra de Dios. Eliezer no sería el heredero de Abram, de acuerdo a lo expresado por Dios. Por el contrario, Abram tendría un hijo que le heredaría. Esta Palabra de Dios es un *rhema* para Abram. Es una palabra específica y personal, arropada por la sábana de una promesa. Esta conversación entre Abram y Dios tiene resultados positivos. ¡Orar es conversar con Dios!

A Abram se le ordena contar las estrellas (15:5). ¡Imposible! Lo mismo pensé yo, y de seguro también Abram. Tal como Abram no las podía contar, así sería de incontable su descendencia. Muchas cosas en la vida no las podrás contar pero las debes creer, y eso es una actitud de fe.

Leemos: "Y creyó a Jehová, y le fue contado por justicia" (15:6). Abram creía en Dios, pero le creyó a Dios. Creyó a su promesa, y por esa fe fue justificado. Este pasaje es tan importante que el apóstol Pablo lo citó en Romanos 4:3 y Gálatas 3:6 como ejemplo primordial en la fe de cualquier creyente.

Creer a Dios es alinearnos con su voluntad, aceptar su promesa y confesar su Palabra. Literalmente: "Abram tuvo fe en lo que Dios le había dicho". Con nuestras palabras confesamos correctamente la Palabra de Dios, y eso es fe: decir lo que Dios dice y reclamar las promesas de Dios.

El evangelista Reinhard Bonnke ha dicho de Abraham: "La fe vino a él tarde en la vida, pero le hizo el personaje más dominante, aparte de Cristo, que el Medio Oriente ha conocido" (*Fe, la conexión con el poder de Dios,* [Nashville: Editorial Betania, 2000] p. 40).

Dios declaró: "Yo soy Jehová, que te saqué de Ur de los caldeos, para darte a heredar esta tierra" (15:7). Aunque Taré había tomado a Abram con otros familiares y llegó con ellos a Harán, fue Dios quien en realidad le había sacado de Ur de los caldeos, y le llevó para que pisara la tierra futura de la herencia para los hebreos o israelitas. Con Abram, Dios había establecido su propósito.

Abram le pregunta a Dios: "Señor Jehová, ¿en qué conoceré que la he de heredar?" (15:8). La pregunta de Abram es su manera de buscar las promesas específicas de Dios. Es su diálogo de fe. A Dios le gustan las preguntas de fe.

III. El pacto

"En aquel día hizo Jehová un pacto con Abram, diciendo: A tu descendencia daré esta tierra, desde el río de Egipto hasta el río grande, el río Éufrates..." (Gn. 15:18-21).

Dios invitó a Abram a hacer pacto con Él. Para eso le ordenó tomar un becerro, una cabra y un carnero, de tres años cada uno, y partirlos por la mitad y poner cada mitad frente a la otra (15:9-10), con una tórtola y un palomino. Todo esto refleja una antigua costumbre ancestral. Una mitad representaba a Dios y la otra mitad a Abram. Antiguamente, los pactos en el Oriente se hacían partiendo animales por la mitad, y luego los contrayentes caminaban en medio de ellos certificando y garantizando sus promesas.

Abram tenía que espantar "las aves de rapiña" que querían devorar los animales partidos (15:11). Hasta la caída del sol, al oscurecer, ya el sueño lo dominaba, y el temor de la oscuridad vino a él (15:12). Todas esas "aves de rapiña", que quieren comerse lo pactado con Dios, se tienen que espantar.

Allí Dios le dio palabras de revelación: (1) Su descendencia moraría en tierra ajena. (2) Su descendencia sería esclava y oprimida por cuatro siglos (15:13).

Otras promesas fueron:

1. Dios juzgaría a esa nación de cautividad.
2. De allí saldrían con grandes riquezas.
3. En Abram, sus descendientes alcanzarían la paz prometida a sus padres.
4. Abram llegaría a una plena y satisfactoria vejez.
5. En la cuarta generación (Abraham, Isaac, Jacob, los príncipes de Israel) regresarían a la tierra prometida a Abram (15:14-16).

Démonos cuenta de cómo la fe y las promesas se van entrelazando la una con la otra. Abram tendría que confesar correctamente esas promesas.

Cuando el sol se puso, se vio la apariencia de un horno echando humo, y se manifestó una "antorcha de fuego", que representaba a Dios y que pasó por entre los animales divididos (15:17). Esto indicaba que Dios se agradaba de Abram y hacía pacto con él. Leemos: "En aquel día hizo Jehová un pacto con Abram, diciendo: A tu descendencia daré esta tierra…" (15:18-21). Este fue un pacto de fe, basado en las promesas por parte de Dios y en la aceptación de esas promesas por fe por parte de Abram. Eso es creer en Dios y creerle a Dios.

La tierra prometida era habitación de diez naciones: los ceneos, los cenezeos, los cadmoneos, los heteos, los ferezeos, los refaítas, los amorreos, los cananeos, los gergeseos y los jebuseos (15:19-21). Y sobre esa decaetnia, Dios levantaría a la aún no existente nación de Israel. Dios hablaba de lo que no era como si fuera, de lo que no existía como si existiese, del futuro como si fuera el presente. Este es el lenguaje de la fe, que ve las cosas que no son como si fuesen.

Verdades para ser aplicadas

1. La Palabra de Dios produce el espacio para que la fe se ejercite.
2. Con nuestras palabras hacemos confesiones correctas o incorrectas. Las correctas se amparan en la Palabra de Dios.
3. La fe se basa en las promesas de Dios y en cómo aceptamos esas promesas.

8

LA SUGERENCIA A ABRAHAM

"Dijo entonces Sarai a Abram: Ya ves que Jehová me ha hecho estéril; te ruego, pues, que te llegues a mi sierva; quizá tendré hijos de ella. Y atendió Abram el ruego de Sarai" (Gn. 16:2).

Introducción

A sugerencia de Sarai, esposa de Abram, él accede y se allega a Agar, la sierva egipcia, quedando ella embarazada (16:1-4). Agar entonces comenzó a despreciar a Sarai, la cual se quejó a Abram, que le dio permiso de hacer con ella lo que quisiera (16:5-6). A causa de que Agar era afligida por Sarai, decidió huir al desierto (16:6-7). El ángel de Jehová se le apareció a ella en una fuente en el camino de Shur (16:7), y le ordenó regresar a su ama Sarai y ser sumisa (16:8-9). También le dio la profecía de que tendría un hijo llamado Ismael, que sería hombre fiero y habitaría delante de sus hermanos (16:10-12). Agar llamó aquel pozo "Viviente-que-me-ve" (16:13-14). Abram tenía ochenta y seis años de edad cuando Agar dio a luz a su hijo Ismael (16:15-16).

Los hombres y las mujeres de fe deben cuidarse de aquellas sugerencias que se les dan, las cuales no descansan en la fe ni en las promesas de Dios y pueden producir una atmósfera de desprecio y de aflicción.

I. La sugerencia

"Dijo entonces Sarai a Abram: Ya ves que Jehová me ha hecho estéril; te ruego, pues, que te llegues a mi sierva; quizá tendré hijos de ella. Y atendió Abram al ruego de Sarai" (Gn. 16:2).

La esposa de Abram era estéril (11:30), y ella atribuía su esterilidad a la voluntad de Dios, lo cual era una manera teológica de aceptar ciertas desgracias en la vida (16:1-2). Ella tenía una esclava egipcia llamada Agar (16:1). El nombre Agar significa "errante", y encaja perfectamente con sus experiencias futuras. La tradición del Génesis parece aclarar históricamente que antes de los hebreos ser esclavos en Egipto, ya el padre de la nación hebrea tenía una esclava egipcia.

Sarai le rogó a Abram que tuviera relaciones sexuales con su esclava, a causa de su esterilidad, y aún pensó que con ella su esposo tendría "hijos". A su manera, Sarai trató de resolver un problema, que debía haber puesto en las manos de Dios. Desde luego, un hijo tenido por una esclava con su amo era hijo legal de la ama.

Sarai fue una mujer muy ligera, cuya fe no había crecido con la promesa de Dios a Abram. Ella quiso resolver su problema a su manera y no a la manera de Dios. Mujer, no trates de resolver las cosas a tu manera, sino busca la voluntad de Dios y hazlo a la manera de Él. No dejes que, como mujer, tus sentimientos o emociones se impongan sobre tus decisiones. La ligereza no puede ser un obstáculo en el trato y los planes de Dios en relación con nuestras vidas.

Sarai fue una mujer muy impaciente. Aunque había esperado muchos años, ahora no estaba dispuesta a continuar esperando. Conocía su tiempo, pero desconocía el tiempo de Dios. No te adelantes a lo que Dios quiera hacer; espera y verás a Dios actuando en el momento debido. En la espera, Dios puede obrar. Muchas personas, después de mucho tiempo de espera, deciden tomar las cosas en sus propias manos y se acarrean problemas futuros. No te adelantes al tiempo divino. ¡Sé paciente! ¡Toma las cosas tranquilamente! Te repito: TRAN-QUI-LA-MEN-TE.

Sarai fue una mujer muy influyente. No le costó mucho convencer al octogenario Abram (ochenta y cinco años de edad). Él "atendió" la solicitud de Sarai. El verbo "atendió" se relaciona con levantar y mantener una tienda.

Sarai misma tomó a su esclava Agar, después de que Abram hubiera vivido diez años en Canaán (entonces saldrían a Harán, a los setenta y cinco años); "y la dio por mujer a Abram su marido" (16:3). No solo Abram tendría un hijo con ella, sino que Sarai le permitió que esa esclava fuera promovida a ser la segunda mujer o esposa de Abram. En la cultura antigua del desierto, la poligamia era un asunto más de subsistencia que de inmoralidad. Tampoco había ceremonias de matrimonio con un ministro. Las ceremonias surgen posteriormente para dar más legalidad pública. El matrimonio era el resultado de compromisos contraídos por los padres o decisiones por parte del patriarca o la matriarca de la familia.

Personas que no hayan madurado en sus relaciones con el líder o con miembros de la casa a la cual él sirve no deben ser promovidas a posiciones que les permitan revelar su carnalidad y abusar de sus privilegios. Los futuros líderes deben ser probados antes de ser promovidos. Los pastores hacen mucho daño a los futuros líderes cuando les dan títulos y ellos todavía no han sido formados para asumir las responsabilidades que conllevan los títulos. Cuando a un subalterno no se le enseña a respetar los rangos, se daña la cadena de mando. En el ejército se saluda el rango, se respeta el rango y se obedece al rango. Y eso no tiene nada que ver con la persona que lo lleva, o si le gusta a uno o no.

II. El desprecio

"Y él se llegó a Agar, la cual concibió, y cuando vio que había concebido, miraba con desprecio a su señora" (Gn. 16:4).

El embarazo de Agar la enorgulleció y le hizo manifestar un espíritu altivo. El haber concebido de Abram, que era un alto honor, le dañó su corazón, y "miraba con desprecio a su señora". Despreciar es quitar el aprecio o el valor que una persona amerita.

A muchos, cuando alcanzan ciertas posiciones, las alturas les marean y miran con menosprecio a otros, especialmente a los que les han ayudado, y se olvidan de dónde estaban. Los privilegios pueden dañar los corazones si las personas no los saben manejar sabiamente. El humilde nunca se siente superior a nadie. No subestima a otros para levantar su propia estima. Aunque sea un primero entre iguales, no por eso desprecia a otros de rango inferior. No importa en qué silla se siente el líder, allí estará a la cabecera. Él o ella hace la silla, la silla no los hace a ellos.

Sarai se quejó a Abram: "Mi afrenta sea sobre ti; yo te di mi sierva por mujer, y viéndose encinta, me mira con desprecio; juzgue Jehová entre tú y yo" (16:5).

La situación entre Agar, la extranjera, y Sarai, la princesa, produjo en la segunda un sentimiento negativo de baja autoestima: "mi afrenta sea sobre ti". También le produjo otro sentimiento negativo de culpabilidad: "yo te di mi sierva por mujer". El otro sentimiento negativo que se manifestó fue de rechazo: "y viéndose encinta, me mira con desprecio". Sarai estaba en un remolino sentimental.

Esos sentimientos negativos estaban produciendo inestabilidad emocional entre las relaciones de Abram y Sarai. Por eso dijo: "juzgue Jehová entre tú y yo". Esa tercera persona, Agar, estaba afectando la intimidad de ese matrimonio patriarcal. Sarai no era mujer celosa, imaginándose lo que no era; por el contrario, confrontaba una crisis real que quería destruir su matrimonio. Agar representa esa tercera persona que se embaraza de una visión que no es la visión de Dios para un líder, que con su embarazo menosprecia el propósito de Dios y que viene a afectar ese matrimonio entre el líder y su congregación.

Ese espíritu "extranjero" de Agar se hará presente muchas veces para estorbar el propósito de Dios en un hombre o una mujer de fe o en una congregación separada y llamada por Jesucristo para marcar la diferencia en su tiempo.

III. La decisión

> "Y respondió Abram a Sarai: He aquí, tu sierva está en tu mano; haz con ella lo que bien te parezca. Y como Sarai la afligía, ella huyó de su presencia" (Gn. 16:6).

Sarai era la autoridad espiritual de Agar, y por lo tanto podía emprender acción disciplinaria sobre ella. Lo que Sarai hiciera con Agar estaba bien para Abram. En el ejército, el soldado tiene que aprender a responder al rango superior que lo supervisa, no puede pasar por encima de ese rango para tratar con un rango por encima al de su superior; eso conlleva violación y puede terminar en una medida disciplinaria.

"He aquí, tu sierva está en tu mano". Agar podía creerse todo, pero seguía siendo la esclava de Sarai, y ella era su ama. Agar, como esclava, no tenía derechos propios, sino privilegios otorgados. Se debía a su ama, y por lo tanto le pertenecía. Un esclavo no tenía voluntad propia, sino la voluntad de su amo era la que dictaba sus acciones.

"Haz con ella lo que bien te parezca". Sarai tenía autoridad, aunque no la ejerciera. El gran problema de muchos que tienen autoridad espiritual es que abusan de ella o no la ejercen. Sarai tenía autoridad sin ejecución. La autoridad espiritual se tiene que conocer y se tiene que ejercer. A Sarai le faltaba carácter espiritual. Muchos líderes tienen posiciones, dones y unción para ministrar, pero carecen de carácter. No saben tomar posturas de autoridad y quieren quedar siempre bien con todo el mundo. Cuidan más de su imagen pública que de su integridad espiritual. Oremos a Dios, para que el Espíritu Santo nos ayude a tener más carácter; que seamos personas de un buen temple espiritual; que tomemos decisiones correctas y sabias en nuestra vida.

"Y como Sarai la afligía". Agar fue disciplinada por Sarai. La esclava se sintió presionada emocionalmente. Estaba cosechando lo que sembró. Dios la estaba quebrantando. Sarai era su "lija gruesa" para suavizar su carácter. ¿Quién es la "lija gruesa" que Dios nos ha dado? ¿A quién está usando Dios para quebrantarnos? El quebrantamiento produce santidad y humildad. Somos quebrantados para que el Espíritu Santo saque lo mejor de nosotros. El orgulloso tiene que ser humillado para que aprenda a tener humildad.

"Ella huyó de su presencia". Agar no era una "olla de presión"; no aguantó la presión, no tuvo espina dorsal para resistir. Se doblegó ante la disciplina. No se fortaleció en el quebrantamiento. Hizo lo que hacen muchos creyentes: "huyó". Por todas partes nos encontramos con fugitivos espirituales, que huyen de una congregación a otra, de un concilio a otro, de una denominación a otra, de un pastorado a otro. Al principio se ven como montañas de piedras, pero al final terminan siendo túmulos de arena.

¡Cuántos creyentes, cuando llegan pruebas en la congregación o en la familia, no saben afrontarlas ni confrontarlas, y lo que hacen es tomar la actitud cobarde de huir! ¡Renuncian a sus posiciones o se separan de su familia y no dejan que el propósito de Dios se cumpla en ellos en el tiempo de Dios!

Hace algún tiempo le compartí este consejo a un hijo espiritual que se transformó en un fugitivo del llamado de Jesucristo para su vida: "José, hoy disfrutan los que te querían ver caído. 'Yo soy José', dijo el patriarca a sus hermanos. Te digo: tú eres 'José'. Una caída no es una derrota final. Es una parada momentánea para uno volver a levantarse y proseguir al destino que tiene por delante. Nunca te olvides de quién eres. Eres 'José', aunque otros no te hayan valorado ni te reconozcan".

IV. La providencia

"Y la halló el ángel de Jehová junto a una fuente de agua en el desierto, junto a la fuente que está en el camino de Shur" (Gn. 16:7).

En el desierto camino a "Shur" o "Sur" (que significa "muro", "fortificación"), Agar llegó a una fuente de agua, y allí el ángel de Jehová la encontró. O sea, Dios mismo se le apareció a Agar, porque tenía un propósito con ella. Dios no se olvidó de Agar. El ángel de Jehová le declaró: "Agar, sierva de Sarai, ¿de dónde vienes tu, y a dónde vas"? (16:8). La llamó por su nombre "Agar". Dios la conocía por nombre, y por lo tanto le dio importancia. También le recordó que era "sierva de Sarai".

Dios siempre nos recordará a quién tenemos que servir. Aun cuando recogemos un papel del suelo estamos sirviendo a otros, y haciendo la voluntad de Dios. Un hijo o una hija que obedece al padre o la madre hace la voluntad de Dios. Al asistir a las reuniones del templo, hacemos la voluntad de Dios y servimos a Jesucristo. En las cosas más pequeñas podemos hacer cosas grandes para el reino de Dios.

Analicemos esa pregunta: "¿de dónde vienes tú, y a dónde vas?". El ser humano que no sabe de dónde viene y a dónde va está perdido. La vida es un viaje. Pero si no sabemos de *dónde* venimos, menos sabremos a *dónde* vamos. Muchos seres humanos transitan la carretera de la vida sin rumbo y sin dirección. Solo los que saben de *dónde* vienen y hacia *dónde* van tendrán éxito en lo que *hagan*. ¡Eso es tener metas trazadas! ¡Tener objetivos claros!

Agar contestó: "Huyo de delante de Sarai mi señora" (16:8). En Jonás 1:3 leemos: "Y Jonás se levantó para huir de la presencia de Jehová a Tarsis". Leemos también: "Porque ellos sabían que huía de la presencia de Jehová, pues él se le había declarado" (Jon. 1:10).

En Marcos 14:51-52 leemos: "Pero cierto joven le seguía, cubierto el cuerpo con una sábana; y le prendieron, más él, dejando la sábana, huyó desnudo". Este joven de la sábana se cree que haya sido Juan Marcos, autor de dicho Evangelio y discípulo de Pedro.

Agar fue sincera y confesó su falta y su culpa. Admitió que estaba huyendo como Jonás y Marcos. Muchos creyentes están huyendo de algo y de alguien, pero no son sinceros en admitirlo. Saben culpar a otros, pero no admiten su propia culpa. Cuando aceptamos nuestra culpa, crecemos y maduramos en nuestra conducta humana. El humilde reconoce sus fallas, el orgulloso no acepta sus fallas.

Flavio Josefo declara:

> Porque el motivo de su actual desgracia era su ingratitud y su arrogancia frente a su ama. Si desobedecía a Dios y persistía en seguir su camino, perecía; pero si volvía sería madre de un hijo que reinaría en la región. Volvió y obtuvo el perdón de sus amos y poco tiempo después nació Ismael, que significa oído por Dios, porque Dios escuchó los ruegos de su madre (*Antigüedades de los judíos*, tomo I, [Terrassa: Editorial Clie, 1986], pp. 30-31).

El ángel de Jehová le aconsejó: "Vuélvete a tu señora, y ponte sumisa bajo su mano" (16:9). Agar tenía que aprender a tratar su carácter y el carácter de Sarai. La mejor manera era regresando a ella, reconociéndola como su "señora" y aceptando estar "sumisa bajo su mano". Para eso tenía que renunciar a un espíritu de rebelión, y expresar un espíritu de obediencia. Agar necesitaba un cambio de actitud. Y eso es lo que necesitan muchos creyentes, un cambio de actitud. ¡Cambia tu actitud!

Esto nos recuerda al esclavo fugitivo Onésimo, al cual Pablo envió a Filemón con estas palabras: "el cual vuelvo a enviarte, tú, pues, recíbele como a mí mismo" (Flm. 12). "Onésimo" el inútil, por causa del evangelio que se le predicó se volvió un esclavo "útil" (este es el significado de su nombre).

V. La profecía

> "Además le dijo el ángel de Jehová: He aquí has concebido, y darás a luz un hijo, y llamarás su nombre Ismael, porque Jehová ha oído tu aflicción" (Gn. 16:11).

Abram tenía ochenta y seis años cuando nació Ismael, y eso lo corrobora Flavio Josefo. Dios le dio nombre al hijo de Agar llamándolo "Ismael", que significa "Dios oye" y "Dios escucha". A ella le dio esta profecía sobre su hijo: "Y él será hombre fiero; su mano será contra todos, y la mano de todos contra él, y delante de todos sus hermanos habitará" (16:12).

"Y él será hombre fiero". Ismael sería caracterizado por su fuerza y valor, atributos que continúan marcados sobre las naciones árabes hasta el día de hoy. Nos asombramos de cómo los palestinos se enfrentan a los judíos con piedras, aunque carecen del armamento militar. Todos los extremos son malos, sean de derechas o de izquierdas, de dictaduras o de gobiernos democráticos.

"Su mano será contra todos". No les tendría miedo a sus muchos enemigos, y los atacaría confiando en que ganaría. Se movería a la ofensiva. Uno contra todos y todos contra uno.

"Y la mano de todos contra él". Se harían alianzas para vencerlo, pero aun así se defendería con valor y resistencia. Atacaría y sería atacado. Es algo que uno no puede entender de las naciones árabes: sabiendo muchas veces que perderán, tercamente se enfrentan a la oposición y a la resistencia.

"Y delante de todos sus hermanos habitará". Esos hermanos serían los hijos de Cetura, la mujer que tomó Abraham al quedar viudo de Sara, llamados: Zimram, Jocsán, Medán, Madián, Isbac y Súa. (Gn. 25:1-4), además de hijos con otras concubinas (25:6). Sin dejar de mencionar a Isaac, progenitor del pueblo judío y heredero exclusivo de Abraham (25:5).

Agar se refirió a Jehová como "Tú eres Dios que ve" (16:13). Y para Agar, Dios no le había quitado su favor. Su mirada divina estaba sobre ella. Aunque otros te abandonen, te echen fuera, Jesucristo siempre estará a tu lado. Agar nombró aquel pozo: "Pozo del

Viviente-que-me-ve" (16:14), ubicado entre Cades y Bered. Cuando nació el hijo de Abram y Agar, se le dio el nombre de Ismael, ya escogido por Dios (16:11, 15).

Agar regresó a Sarai obedeciendo la palabra de Dios. Aquella prueba fue para enseñarle a Agar a vivir una vida de quebrantamiento y sumisión a su autoridad espiritual.

Verdades para ser aplicadas

1. Hombres y mujeres de fe, cuídense de aquellos que les dan sugerencias adelantándose al tiempo y a las promesas de Dios.
2. Hombres y mujeres de fe, no asciendan a posiciones a personas inmaduras espiritualmente.
3. Hombres y mujeres de fe, actúen en la autoridad de Dios cuando la situación lo requiera.
4. Hombres y mujeres de fe, es importante saber de *dónde* vienen y hacia *dónde* van.
5. Hombres y mujeres de fe, recuerden siempre la Palabra de Dios.

9

EL PACTO CON ABRAHAM

"Era Abram de edad de noventa y nueve años, cuando se le apareció Jehová y le dijo: Yo soy el Dios Todopoderoso, anda delante de mí y sé perfecto. Y pondré mi pacto entre mí y ti, y te multiplicaré en gran manera" (Gn. 17:1-2).

Introducción

A la edad de noventa y nueve años, Jehová se le apareció a Abram y le confirmó su pacto (17:1-4). Le cambió el nombre de Abram a Abraham, y le confirmó su pacto perpetuamente con su descendencia e impuso la circuncisión para todo varón a los ocho días de nacido (17:5-12) y para todo nacido en su casa y el esclavo comprado (17:13-16).

A Sarai se le cambió el nombre por Sara (17:11); y se le dio promesa de descendencia, la cual hizo reír a Abraham a causa de la edad de ambos (17:16-19). Para Ismael también hubo promesa (17:20), pero con Isaac sería el pacto (17:21). Dios entonces se apartó de Abraham (17:22).

Abraham circuncidó a todos los varones de su casa, a su hijo Ismael de trece años, y él mismo se circuncidó con noventa y nueve años (17:23-27), inaugurándose así una antigua práctica religiosa, que hasta la fecha es señal del pacto de Dios con la descendencia de Abraham: el pueblo judío. Y aunque la circuncisión se practica religiosamente por los musulmanes, y médicamente en muchos hospitales del mundo, solo para los judíos tiene el significado bíblico del pacto de Dios con Abraham.

I. El pacto

"Y pondré mi pacto entre mí y ti, y te multiplicaré en gran manera" (Gn. 17:2).

A la edad de noventa y nueve años, Abram tuvo una revelación de Jehová Dios que le dijo: "Yo soy el Dios Todopoderoso, anda delante de mí y sé perfecto. Y pondré mi pacto entre mí y ti, y te multiplicaré en gran manera" (17:1-2). Nunca se es muy viejo para oír la voz de Dios, para que el propósito de Dios se cumpla en nosotros, para tener fe en lo que Dios ha dicho que hará con nosotros.

"Yo soy el Dios Todopoderoso". Jehová se le reveló a Abram como el Dios que todo lo podía, que tenía todo el poder; un Dios soberano que podía reinar universalmente y gobernar terrenalmente sobre sus criaturas.

"Anda delante de mí y sé perfecto" es una invitación a tener una vida de fe y a mantener una conducta santa en obediencia y en sumisión a la voluntad de Dios. Ese "sé perfecto" es un llamado a vivir una vida agradable delante de Dios.

"Y pondré mi pacto entre mí y ti". Dios tomó la iniciativa divina en establecer su pacto con Abram. Él hizo la oferta y Abram la aceptó por fe. Él puso las condiciones y Abram se comprometió a cumplirlas.

"Y te multiplicaré en gran manera". Dios le daría unción de multiplicación. De sus lomos levantaría una nación que sobreviviría a sus enemigos y opresores —entre ellos, Egipto, Asiría, Grecia y Roma—, y por un milagro de Dios en mayo de 1948 volvió a constituirse en una nación, llamada Israel.

En Génesis 17:4-5, Dios le reitera su pacto y le dice: "He aquí mi pacto es contigo, y serás padre de muchedumbre de gentes. Y no se llamará más tu nombre Abram, sino que será tu nombre Abraham, porque te he puesto por padre de muchedumbre de gentes".

Dios le declaró dos cambios al padre de la fe: (1) Le cambió su nombre de Abram (que significa "padre de elevación") a Abraham (que significa "padre de muchedumbre de gentes" y "padre de una multitud") (17:5). (2) Le prometió levantar de él naciones y reyes (17:8). Para los musulmanes, el nombre en el Corán se lee "Ibrahim" y es muy popular entre los árabes.

La señal de que Abraham y sus descendientes guardarían ese pacto sería la circuncisión. "Será circuncidado todo varón de entre vosotros" (17:12). La circuncisión se efectuaría a los ocho días de nacido a todo judío y a todo siervo (17:12-13). Cualquiera que no se circuncidaba violaba el pacto con Dios (17:14). El propio Hijo de Dios, Jesús de Nazaret, fue circuncidado a los ocho días, cuando también recibió su nombre de Jesús (Lc. 2:21).

Otros pueblos como los egipcios y los cananeos practicaban la circuncisión, pero ninguno con el carácter y el propósito de pacto con Dios como lo hacían y lo hacen hasta el día de hoy los judíos.

II. La promesa

> "Respondió Dios: Ciertamente Sara tu mujer te dará a luz un hijo, y llamarás su nombre Isaac; y confirmaré mi pacto con él como pacto perpetuo para sus descendientes después de él" (Gn. 17:19).

A Sarai (que significa "princesa mía") se le cambió el nombre por Sara (que significa "princesa") (17:15). Es la variante del mismo nombre que puede significar "dama de gran honor". Dios también le declaró a Abraham que ella sería bendecida, sería madre de naciones y de ella vendrían reyes (17:16). Lo que Dios le prometió a Abraham también se lo prometió a Sara. Dios cumpliría su propósito con ambos. Muchas veces Dios trata con matrimonios; los usa con propósitos para una familia y para una nación.

Ante lo declarado por Dios, "Abraham se postró sobre su rostro, y se rió, y dijo en su corazón: ¿A hombre de cien años ha de nacer hijo? ¿Y Sara, ya de noventa años, ha de concebir?" (17:17). La risa de Abraham fue la risa de la sorpresa, de la razón, de lo natural. Se sentía sorprendido por poder llegar a tener un hijo a los cien años, y más aún de saber que una mujer de noventa años pudiera quedar embarazada. Pero para Dios eso era muy fácil. Levantar a un paralítico para nuestro Señor Jesucristo es fácil como también lo es dar la vista a un ciego, limpiar a un leproso, abrir los oídos a un sordo, resucitar a un muerto, crear un órgano desaparecido, y hacer que un sordomudo hable y escuche.

Leemos: "Y dijo Abraham a Dios: Ojalá Ismael viva delante de ti" (17:18). Como padre, también se preocupó por su hijo Ismael. Le pidió a Dios por su cuidado y protección. Dios le contestó que Sara daría a luz un hijo llamado Isaac, que significa "risa"; y con él, Dios confirmaría el pacto perpetuo con sus descendientes (17:19). La promesa de Dios fue clara y precisa.

Para Ismael, Dios le prometió: "Y en cuanto a Ismael también te he oído; he aquí que le bendeciré, y le haré fructificar y multiplicar mucho en gran manera; doce príncipes engendrará, y haré de él una gran nación" (17:20).

Me gusta esa expresión: "también te he oído". Dios prestó atención a la petición de Abraham (17:18):

1. A Ismael le bendeciría.
2. A Ismael le haría multiplicarse.
3. A Ismael le daría doce príncipes.
4. De Ismael haría una gran nación.

Todo eso se ha cumplido en las naciones árabes. Para ellos hay también una bendición terrenal por parte de Dios. No nos olvidemos que ellos también son semitas descendientes de Sem, descendientes de Abraham por la línea de Ismael, y descendientes de Isaac por la línea de Esaú o Edom. Pero el pacto no sería establecido con Ismael sino con Isaac, que un año después nacería por ese mismo tiempo (17:21). Notemos el énfasis: "Isaac, el que Sara te dará a luz". Dios es claro con quien elige. A Ismael lo bendeciría, pero él no sería el elegido, sino Isaac. Ismael era la voluntad de Sara. Isaac sería la voluntad de Dios. Ismael era el esfuerzo humano. Isaac sería el propósito divino.

Leemos: "Y acabó de hablar con él, y subió Dios de estar con Abraham" (17:22). ¡Qué tremendo privilegio! ¡Dios bajó para hablar con Abraham! Los hombres y las mujeres de fe hablan con Dios y Dios habla con ellos. A ellos se les manifiesta la presencia de Dios.

Luego Abraham circuncidó a Ismael, a sus siervos nacidos en casa y a los comprados, y él también se circuncidó, todos el mismo día (17:23-27). Abraham tenía noventa y nueve años e Ismael trece años (17:24-25), dando inicio a un rito de identificación para el pueblo judío. Los musulmanes practican la circuncisión a los trece años, basados en el inicio de la tradición abrahámica.

Abraham fue obediente a lo que Dios le había ordenado. Actuó con fe en lo que hizo, y ese día y en ese lugar nació el propósito de Dios con un hombre y con una nación.

Verdades para ser aplicadas

1. El propósito de Dios para tu vida debe comenzar con una revelación de Él.
2. El propósito de Dios puede ser con un matrimonio.

10

EL HIJO PROMETIDO A ABRAHAM

"¿Hay para Dios alguna cosa difícil? Al tiempo señalado volveré a ti, y según el tiempo de la vida, Sara tendrá un hijo" (Gn. 18:14).

Introducción

Jehová se le apareció a Abraham por medio de tres seres angelicales en forma de varones en el encinar de Mamre, a la entrada de la tienda; llegaron al mediodía (18:1-2). Abraham, mostrando toda la hospitalidad del Oriente, los invitó a lavarse los pies y a comer con él (18:3-8). Uno de los varones angelicales, que era Dios mismo en forma de teofanía, le prometió que Sara tendría un hijo, siendo ambos de edad avanzada y ella sin capacidad de ovular (18:9-11). Cuando Sara escuchó eso, se rió de incredulidad (18:12). Y Jehová le llamó la atención a Abraham sobre esa actitud incrédula de Sara (18:13), a fin de dejarle ver que para Dios no hay ninguna cosa difícil, y que Sara tendría un hijo (18:13-14). Sara negó que se riera, pero Dios la regañó: "no es así"; y luego le señaló: "sino que te has reído".

I. La petición

"Y dijo: Señor, si ahora he hallado gracia en tus ojos, te ruego que no pases de tu siervo" (Gn. 18:3).

En el encinar de Mamre, "le apareció Jehová" a Abraham (18:2). El nombre "Mamre" significa "tierra de pastoreo". La aparición fue probablemente al mediodía: "en el calor del día". Fue en Hebrón

(13:18), donde el patriarca le había levantado altar a Jehová. A causa del calor, Abraham estaba sentado a la puerta de la tienda beduina. A esa hora del mediodía, los pastores descansaban (Cnt. 1:7). Todavía hoy día, los beduinos del Medio Oriente se echan al mediodía para tomar su siesta.

Al alzar sus ojos, Abraham miró y de manera instantánea delante de él aparecieron tres varones. Y saliendo fuera de la tienda, corrió a recibirlos y se postró en tierra (18:2). Los hombres y las mujeres de fe siempre alzan sus ojos para mirar la manifestación de Dios en sus vidas. Entre aquellos tres varones, salidos de la nada, estaba Dios mismo en persona.

"Salió corriendo de la puerta de su tienda a recibirlos". Abraham fue movido por un espíritu de hospitalidad. Se sentía bien al recibir a otros. Le era importante ser agradable. No esperó a que ellos corrieran a él, sino que él corrió a ellos. El que es importante busca a otros, y no espera a que otros le busquen a él. Muchas veces tenemos que salir corriendo de la "tienda" para recibir a quienes el Señor Jesucristo nos envía a nuestras puertas.

"Y se postró en tierra". Un espíritu de hospitalidad debe ir acompañado por un espíritu de humildad. El humilde no se ve más grande que otros; ve a otros más grandes que a sí mismo, aunque no por eso se siente inferior o subestimado ante otros. La actitud habla más alto que las palabras. La humildad hace grandes a los hombres y las mujeres de Dios.

Abraham hizo esta petición. "Señor, si ahora he hallado gracia en tus ojos, te ruego que no pases de tu siervo". "Señor"; Abraham tuvo una revelación de quién de los tres era Jehová. No dijo: "Señores". Él sabía que "Señor" era uno solo. No confundió a las criaturas con el Creador; a los ángeles con el Ángel de Jehová.

Luego añadió: "si ahora he hallado gracia en tus ojos". Hallar gracia en los ojos de Dios es la clave del éxito y la bendición sobre la vida de un creyente. Las obras no conceden perdón ni restauración, solo un acto de la gracia divina nos hace aceptos ante el Amado. Los reformadores decían: *Sola gratia, sola fides, sola scriptura* (solo la gracia, solo la fe y solo las Escrituras). Pero esa "gracia no es barata", como lo expresó Dietrich Bonhoeffer; tiene un precio, y es la sangre expiatoria y redentora de Jesús de Nazaret. La "gracia" y la "unción" marcan la diferencia en los ministerios. Los identifica y los promueve. Los da a conocer y los hace respetar. Con "gracia" y "unción" se realiza la visión y se cumple con la misión.

Además declaró: "te ruego que no pases de tu siervo". Abraham identificó a Jehová, aunque vino a él como un varón. Y esa oportunidad de tener a Dios en su hogar y cerca de él, el patriarca no la quería desperdiciar. ¡Los hombres y las mujeres de fe no pierden la oportunidad de tener encuentros personales con la presencia de Dios! Ante Dios, veámonos como sus siervos que le queremos servir. Es más importante servirle nosotros a Él que Él servirnos a nosotros. Servirle a Él va más allá de ejercitar algún don o ejercer algún ministerio. En su presencia nosotros somos su don, y su presencia es el don de Él para nosotros.

Abraham les ofreció agua para que se lavaran los pies, y los invitó a recostarse debajo de un árbol (18:4): expresión de hospitalidad oriental. ¿Cómo expresamos nuestra hospitalidad al Señor Jesucristo y a sus criaturas? De esta práctica del lavamiento de pies evolucionó lo que algunas denominaciones evangélicas practican como ejercicio de fe cristiana, y que nuestro Señor Jesucristo vindicó en la última cena con sus discípulos como ejemplo de servicio cristiano (Jn. 13:1-17).

Además, Abraham les ofreció "un bocado de pan" (18:5): noble ejemplo de altruismo humano. Dar a un necesitado "un bocado de pan" es caridad cristiana. Jesús declaró: "Porque tuve hambre, y no me disteis de comer, tuve sed, y no me disteis de beber" (Mt. 25:42). Luego añadió: "De cierto os digo que en cuanto no lo hicisteis a uno de estos más pequeños, tampoco a mi lo hicisteis" (Mt. 25:45).

Veamos estas palabras: "y sustentad vuestro corazón, y después pasaréis, pues por eso habéis pasado cerca de vuestro siervo" (18:5). Abraham los anima a comer para sentirse satisfechos. Y se mostró complacido con la visita de ellos, ante los cuales él se veía como un "siervo". Los hombres y las mujeres de fe son gente con corazón de siervo.

A Sara le instruyó para que amasara la harina de trigo y cociera panes (18:6). De la majada tomó "un becerro tierno y bueno", e instruyó al criado para que lo preparara (18:7). Abraham dio con el corazón y no simplemente con la mente. Por eso bendijo con lo mejor. También les ofreció mantequilla y leche (18:8), y se quedó con ellos a la sombra del árbol hasta que comieron (18:8).

II. La incredulidad

"Se rió, pues, Sara entre sí, diciendo: ¿Después que he envejecido tendré deleite, siendo también mi señor ya viejo?" (Gn. 18:12).

Los varones preguntaron por Sara, y ella estaba en la tienda (18:9). Dios le declaró a Abraham que Sara tendría un hijo, mientras ella escuchaba (18:10). El autor de Génesis a manera de información dijo: "Y Abraham y Sara eran viejos, de edad avanzada, y a Sara le había cesado ya la costumbre de las mujeres" (18:11; cp. He. 11:11). En lo natural era imposible que Sara, con ochenta y nueve años, que había sido estéril, y con su sistema reproductivo inoperante por su edad octogenaria, ya que no podía ovular, pudiera llegar a tener un hijo (Ro. 4:19). Su concepción tenía que ser un asunto de fe y, por lo tanto, milagroso.

Muchos se ríen con dudas ante lo que Dios puede y quiere hacer con ellos y en ellos. La fe ve los imposibles como posibles. Sara se rió de incredulidad porque vio todo desde el punto de vista natural: ya había dejado de menstruar. La razón hace a uno pensar en lo natural, pero la fe hace a uno pensar sobrenaturalmente. Sara no solo pensó de ella negativamente, también incluyó la ancianidad de su esposo Abraham. Los imposibles peleaban con su fe.

Jehová entonces habló a Abraham: "¿Por qué se ha reído Sara? diciendo: ¿Será cierto que he de dar a luz siendo ya vieja? ¿Hay para Dios alguna cosa difícil? Al tiempo señalado volveré a ti, y según el tiempo de la vida Sara tendrá un hijo" (18:13-14). Dios cuestiona la incredulidad de Sara. Le desagradó su actitud de incredulidad, pero no se la tomó en cuenta. Por el contrario, Dios afirmó su buena voluntad para con ella; por ser Dios y ser soberano, para Él no hay cosa difícil. Los "difíciles" para el ser humano son los "fáciles" de Dios.

Dios le declaró un "tiempo señalado" y le reveló que Sara tendría "un hijo". ¡Dios nunca se equivoca! Sus promesas tienen fechas y detalles. Es interesante que aunque Sara no creyó, Dios cumpliría su promesa para Abraham.

Sara entonces negó que se había reído porque había tenido miedo: "no me reí", a lo que Dios le respondió: "No es así, sino que te has reído" (18:15).

Dios declara "no es así" cuando uno quiere hacer las cosas para Él a la manera de uno y no a la manera de Él. Dios declara "no es así" cuando reaccionamos tontamente a su voz, y dejamos que un espíritu de incredulidad nos impida ejercitar la fe. Dios nos dice: "no es así".

Verdades para ser aplicadas

1. Con "gracia" y "unción" se realiza la visión y se cumple con la misión.
2. Los "difíciles" para el ser humano son los "fáciles" de Dios.

11

LA INTERCESIÓN DE ABRAHAM

"Y se acercó Abraham y dijo: ¿Destruirás también al justo con el impío?" (Gn. 18:23).

Introducción

Mientras Abraham iba acompañando a los tres varones (entre ellos la teofanía), Jehová le afirmó el propósito divino y el destino de él y de su descendencia (18:17-19). Jehová reveló también a su amigo Abraham que Sodoma y Gomorra serían destruidas por causa de su pecado extremo (18:20). De los tres varones, solamente se quedó con Abraham la teofanía: Jehová mismo (18:22).

Entre Abraham y Jehová se desarrolla una conversación en la que el primero apela para que el juicio divino no caiga sobre esas ciudades por causa de los justos que había allí (18:23). Abraham le presenta números a Dios: cincuenta justos (18:26); cuarenta y cinco justos (18:28); cuarenta justos (18:29); treinta justos (18:30); veinte justos (18:31). El límite puesto por Dios fue de diez, y se apartó de Abraham (18:32).

La enseñanza que se desprende de Génesis 18:16-33 es que Abraham era un intercesor ante Dios, un hombre de fe, lleno de compasión por el destino de otros, que negociaba con Dios hasta el final; pero que también reconocía la soberanía divina. También encontramos al Dios que no le encubrió su voluntad a Abraham y le declaró que enviaría juicio sobre las ciudades pecaminosas de Sodoma y Gomorra, pero también escuchó a Abraham.

I. Andar con Dios

"... y Abraham iba con ellos acompañándolos" (Gn. 18:16).

"Y los varones se levantaron de allí" (18:16). Abraham los trató con el respeto y la hospitalidad del desierto. Al principio los vio como transeúntes ordinarios, personas comunes y corrientes, forasteros que iban de camino; pero se descubre que era Jehová acompañado de dos ángeles. ¿Cuántas veces el creyente, sin darse cuenta al principio, pudiera estar haciéndole algún favor a algún mensajero o siervo de Dios? ¿Cuántas veces nos hemos tropezado con ángeles? ¿Cuántas veces hemos tenido encuentros inusuales con esas extrañas criaturas que viven en el cielo?

La hospitalidad, aunque es un carisma de Dios para algunos creyentes, es también un deber de todos los creyentes (Ro. 12:13). Nuestros hogares deben ser bendecidos con la presencia de siervos de Dios que los saturen con el aroma de su santidad y con el perfume de su amor.

"... y miraron hacia Sodoma" (18:16). Es la visión de la ciudad. Dios mira a las ciudades y las observa en su decadencia moral. Leemos en Lucas 19:41 lo siguiente: "Y cuando llegó cerca de la ciudad al verla, lloró sobre ella". Y luego profetizó su destrucción, que se cumplió cuarenta y siete años después, cuando Tito Vespasiano y la Legión X del ejército romano destruyeron y quemaron la ciudad.

La Iglesia debe mirar a la ciudad con compasión y con una visión panorámica. Debe ver sus necesidades y observar la condición de su gente. Una iglesia debe desarrollar programas para los hambrientos, los desamparados, los confinados, los necesitados, los indocumentados, los abusados, los maltratados, los discriminados, los segregados socialmente. Una iglesia que camina mirando únicamente a la Nueva Jerusalén, tropieza cuando camina por su ciudad en la tierra.

"... y Abraham iba con ellos acompañándolos" (18:16). El siervo de Dios anda con los siervos de Dios y anda con Dios. Un adagio dice: "Dime con quién andas y te diré quién eres". Hay buenas compañías y hay malas compañías. Hay personas que ayudan con su amistad, y hay personas que no ayudan con su amistad. Vale la pena andar con algunas personas, pero no vale la pena andar con algunas otras.

Abraham los acompañaba a ellos. ¿Acompañamos nosotros a los siervos de Dios? ¿Acompañas a tu pastor? ¿Acompañas a tu líder espiritual? ¿Se puede contar con tu compañía para hacer algo por Dios y para Dios? Abraham también acompañaba a Dios. En ese camino con Dios se hizo un buen amigo de Dios. El que anda con Dios llega a ser amigo de Dios. La amistad es como una flor que se tiene que regar con agua para que no se seque. Muchos conocen a Dios, pero no son amigos de Dios. Dios nos ofrece su amistad y la debemos recibir. Un himno declara: "Jesús es el buen Amigo, cuando cansado o abatido estés". Abraham y Dios fueron buenos amigos, y eso le adscribió al primero el título de "amigo de Dios": "Pero tú, Israel, siervo mío eres; tú, Jacob, a quien yo escogí, descendencia de Abraham mi amigo" (Is. 41:8). "Y se cumplió la Escritura que dice: Abraham creyó a Dios, y le fue contado por justicia, y fue llamado amigo de Dios" (Stg. 2:23).

Con un amigo se anda, se habla, se comparten cosas íntimas, y se revelan y se guardan secretos. El amigo es fiel, es verdadero, es de confianza, uno se siente seguro en su presencia. Un amigo nunca te deshonrará, nunca te engañará, nunca te será infiel, nunca te traicionará, nunca te usará para su propio bien, nunca te dará dos caras, nunca hablará mal de ti ante otros, nunca será celoso ni envidioso, nunca te hará daño, nunca buscará tu posición, nunca descubrirá tus faltas a otros, nunca te fallará, nunca te hará trampas, nunca abusará de ti, nunca te dará la espalda. ¡Nunca, nunca, nunca, negará que eres su amigo!

II. Permanecer con Dios

"... pero Abraham estaba aún delante de Jehová" (Gn. 18:22).

Jehová habló con Abraham mientras andaba con él. Si queremos que Dios hable con nosotros, tenemos que permanecer en Dios. Esto habla de la intimidad que debe haber entre Dios y aquellos que son llamados.

"Y Jehová dijo: ¿Encubriré yo a Abraham lo que voy a hacer, habiendo de ser Abraham una nación grande y fuerte, y habiendo de ser benditas en él todas las naciones de la tierra?" (18:17-18). Dios no le guardó un secreto a Abraham. La Biblia enseña que Dios comparte intimidad y revelación con sus siervos:

- "La comunión íntima de Jehová es con los que le temen, y a ellos hará conocer su pacto" (Sal. 25:14).
- "Porque no hará nada Jehová el Señor sin que revele su secreto a sus siervos los profetas" (Am. 3:7).
- "Ya no os llamaré siervos, porque el siervo no sabe lo que hace su señor, pero os he llamado amigos, porque todas las cosas que oí de mi Padre, os las he dado a conocer" (Jn. 15:15).

Notemos lo que Dios dice en lenguaje profético de la nación de Israel: "una nación grande y fuerte, y habiendo de ser benditas en él todas las naciones de la tierra". Para Dios, Abraham sería la nación grande y fuerte, y en él serían las naciones bendecidas. Con un hombre o una mujer que sea amigo o amiga de Dios, Él puede hacer naciones grandes y fuertes, y bendecirlas.

Lo que hoy día es la nación de Israel, lo es a causa de Abraham. Es una nación territorialmente pequeña, con una creciente población agrícola; es pequeña... pero "grande" ante el mundo en tecnología y "fuerte" militarmente ante sus enemigos. Y por ser ella cuna de los profetas, de Jesús el Mesías y de los apóstoles, las naciones del mundo han sido bendecidas. Con la manifestación del Mesías, la historia se implementó, el mundo ha mejorado y las personas han encontrado significado para sus vidas. Al pueblo judío estaremos eternamente agradecidos por los patriarcas, los profetas, el Mesías Jesucristo y el Antiguo y el Nuevo Testamento: nuestra Biblia cristiana. ¡Tú y yo somos participantes de la bendición de Abraham! ¿Serán otros participantes de tu bendición?

Leemos: "Porque yo sé que mandará a sus hijos y a su casa después de sí, que guarden el camino de Jehová haciendo justicia y juicio, para que haga venir Jehová sobre Abraham lo que ha hablado acerca de él" (18:19).

"Porque yo sé que mandará a sus hijos después de sí". Dios sabía lo que haría Abraham. Sabía que no le fallaría. Sabía que enseñaría a sus hijos, y sus hijos a sus hijos... lo que Dios le había revelado a él. Dios sabe quiénes somos y quiénes seremos.

"... que guarden el camino de Jehová, haciendo justicia y juicio". El justo puede juzgar. El problema de muchos es que quieren hacer "juicio" sin "justicia", quieren ser jueces sin ser justos. Aplican la ley pero no creen en la ley. Ellos son su propia ley, y a la ley le dan su propia interpretación y aplicación. Personas injustas no deben juzgar a nadie.

"... para que haga venir Jehová sobre Abraham lo que ha hablado acerca de él". Cuando Dios declara algo para alguien, lo cumple. Lo que dijo acerca de Abraham, Dios lo haría suceder. ¡Dios es un caballero de palabra! ¡Él nunca falla a su Palabra! La declara y debemos creerla.

III. El interceder ante Dios

> "Y se acercó Abraham y dijo: ¿Destruirás también al justo con el impío?" (Gn. 18:23).

"Entonces Jehová le dijo: Por cuanto el clamor contra Sodoma y Gomorra se aumenta más y más..." (18:20). La condición de Sodoma y Gomorra era tan pobre y deprimente que contra estas ciudades se había levantado un clamor de protesta y de justicia. Ese clamor podía subir de la tierra o descender del cielo. El gobierno divino estaba siendo presionado para que se ejecutara juicio sobre estas ciudades pecadoras.

"... y el pecado de ellos se ha agravado en extremo". No solo sus habitantes pecaban como otras naciones, sino que también cada día creaban nuevas formas de pecar. Se habían ido a los extremos de pecar. ¡Eran inventores de pecados! ¡Se deleitaban en pecar y en promover el pecado!

"... descenderé ahora, y veré si han consumado su obra según el clamor que ha venido hasta mí; y si no, lo sabré" (18:21). Aquí Dios utiliza un lenguaje antropológico. Él sabe todas las cosas, vive en el presente, en el pasado y en el futuro. Todo este lenguaje enseña cuán justo es Dios. No juzga sin pruebas. Él mismo investiga los hechos. No llega rápidamente a conclusiones sin antes Él mismo confirmar las cosas. Juzgar a otros sin pruebas es injusticia humana.

Leemos: "Y se apartaron de allí los varones, y fueron hacia Sodoma; pero Abraham estaba aún delante de Jehová" (18:22). Los "varones" en Génesis 19:2 son identificados como ángeles. Ellos fueron hacia Sodoma porque allí vivían Lot y su familia. Tenían que realizar una misión de rescate y lo harían.

El texto declara: "pero Abraham estaba aún delante de Jehová" (18:22). Aquí no se dice: "pero Dios estaba aún delante de Abraham". La criatura delante del Creador. El *anthropos* delante del *Theos*. El ser humano delante de Dios. La fe hace a uno estar "delante de Jehová". No se puede estar lejos de la presencia del Eterno. El que está delante de Dios está en comunión, está en adoración, está en servicio. ¡Vive arropado por la gloria de Él! Dios nos quiere cerca de Él. Busca contacto con nosotros. Muchos estuvieron delante de Dios, anduvieron con el Señor Jesucristo, pero un día le dieron la espalda. ¡Dejaron su "presencia"!

Leemos: "Y se acercó Abraham y dijo: ¿Destruirás también al justo con el impío?" (18:23). El padre de la fe se acercó a Dios, "y se acercó Abraham". Los hombres y las mujeres de fe se acercan a Dios. ¡Buscan su presencia! La pregunta de Abraham a Dios era: "¿Destruirás también al justo con el impío?".

Desde este punto en adelante, Abraham le presenta cifras a Dios para que no destruyera a Sodoma. Intercedió por "cincuenta justos" (18:24); no los había (18:26). Después inquirió por "cuarenta", pero no los había (18:29). Abraham lo intentó con la cifra de "treinta"; tampoco había esa cantidad (18:30). Consideró luego "veinte", y no los había (18:31). Finalmente llegó hasta "diez", y tampoco los hubo (18:32). Al final, solo Lot y sus hijas escaparían, porque aun su esposa se "volvió estatua de sal" (19:26-31). ¡Solo tres personas sobrevivieron a la destrucción de Sodoma y Gomorra! Dios nunca se equivoca en sus decisiones. ¡Su aritmética y matemática son siempre correctas!

Los hombres y las mujeres de fe son intercesores ante Dios. Saben pedir a Dios por los demás. En sus oraciones ruegan con intensidad de espíritu. Buscan en la oración intercesora la seguridad de otros. Los intercesores pueden detener a Dios de hacer juicio. A sus ruegos Dios les presta mucha atención.

El intercesor debe ser un creyente de oración. La oración es un hábito en su diario vivir. Ora más que la mayoría de los creyentes. ¡Orar es su pasión! No solo ora individualmente y privadamente, sino que él o ella promueve la oración colectiva y pública.

El intercesor debe ser un creyente de santidad. "Y la santidad, sin la cual nadie verá al Señor", declaran las Escrituras (He. 12:14). La santidad es una relación con Dios y es un estilo de vida "especial" con otras personas. El que está en santidad cumple la ley, se somete a las autoridades, obedece las reglas, cree la Palabra de Dios y la practica... ¡Es una persona espiritualmente cambiada!

El intercesor debe ser un creyente de pasión. Tiene pasión por los perdidos, por los descarriados, por los débiles, por los enfermos, por su comunidad, por su ciudad, por su estado, por su nación, por su continente, por las naciones vecinas y por todo el mundo. ¡Orará delante de Dios hasta ver los resultados de su intercesión! Los intercesores cambian muchas cosas con su persistencia en la oración.

El intercesor debe ser un creyente de fe. La fe mueve montañas, abre ríos, hace andar sobre las aguas, detuvo al Señor Jesucristo cuando caminaba porque un ciego llamado Bartimeo le gritó con fe.

La fe es la "palabra de entrada", "la contraseña" o "el código" ante las promesas divinas. Con fe se revoluciona el mundo natural con el poder sobrenatural. Los intercesores reclaman y declaran proféticamente los propósitos de Dios. Con fe, el creyente es un agente especial de "misión imposible" al servicio del Comandante en jefe: Jesús de Nazaret.

La oración sin fe es jerga religiosa, es conversación psicológica, es actitud pietista, es tradición espiritual; pero cuando se ora con fe, hay poder, liberación, cambios y milagros; suceden muchas cosas.

Verdades para ser aplicadas

1. El que anda con Dios se hace buen amigo de Dios.
2. El que permanece en Dios conoce la intimidad con Dios.
3. El que intercede ante Dios recibe la atención de Dios.

12

EL SOBRINO DE ABRAHAM

"Y dijeron los varones a Lot: ¿Tienes aquí alguno más? Yernos, y tus hijos y tus hijas, y todo lo que tienes en la ciudad, sácalo de este lugar" (Gn. 19:12).

Introducción

Por causa de Abraham, Dios envió a dos ángeles ya manifestados al primero, para que visitaran y avisaran a Lot del juicio que vendría sobre Sodoma y también sobre Gomorra (19:12-26). Lot trató a sus visitantes con mucha hospitalidad (19:1-3), y también estuvo dispuesto a entregar a sus hijas para proteger la seguridad de sus hospedados (19:4-8). Ante la postura de Lot, la turba atentó contra su vida (19:9), pero los ángeles le protegieron (19:10-12). Estos le pidieron a Lot que avisara y preparara a su familia para abandonar la ciudad de Sodoma (19:13-17). Sus hijas estaban ya comprometidas, pero sus futuros yernos se burlaron cuando Lot les avisó (19:16). Con la ayuda de los ángeles, Lot, su esposa y sus dos hijas abandonaron Sodoma (19:15-17).

Lot pidió que le permitieran huir hasta la ciudad de Zoar, a lo que ellos accedieron (19:18-23). Sodoma y Gomorra fueron destruidas con sus habitantes (19:24-25). La mujer de Lot miró atrás y se volvió estatua de sal. Luego Lot subió de Zoar al monte y habitó en una cueva (19:30). Allí sus dos hijas lo emborracharon, se acostaron con él y ambas quedaron embarazadas y tuvieron dos hijos llamados Moab, padre de los moabitas, y Ben-ammi, padre de los amonitas (19:35-38).

I. La hospitalidad

"Y dijo: Ahora, mis señores, os ruego que vengáis a casa de vuestro siervo y os hospedéis, y lavaréis vuestros pies; y por la mañana os levantaréis, y seguiréis vuestro camino. Y ellos respondieron: No, que en la calle nos quedaremos esta noche" (Gn. 19:2).

En Génesis 18:16 leemos: "Y los varones se levantaron de allí, y miraron hacia Sodoma; y Abraham iba con ellos acompañándolos". Ahora, en Génesis 19:1 leemos: "Llegaron, pues, los dos ángeles a Sodoma a la caída de la tarde; y Lot estaba sentado a la puerta de Sodoma. Y viéndolos Lot se levantó a recibirlos, y se inclinó hacia el suelo". Aquellos "varones" y estos "ángeles" son los mismos. Los ángeles como seres espirituales pueden asumir forma antropomórfica, en este caso de varones, pero bien pueden aparecer en cualquier otra forma humana.

Los ángeles están vivos y activos en el planeta Tierra, están dondequiera y se activan manifestándose para protección y ayuda de los creyentes. ¿Cuántos encuentros quizá hayamos tenido con estos seres espirituales, capaces de adoptar formas humanas?

"Y dijo: Ahora, mis señores, os ruego que vengáis a casa de vuestro siervo y os hospedéis". Lot trató con respeto a aquellos visitantes llamándolos "mis señores". Les dio una posición de honra y distinción. Luego los invitó con insistencia sincera, "os ruego que vengáis a casa de vuestro siervo y os hospedéis". Las invitaciones de muchos son para recibir un no; invitan por hacerlo y no porque lo sientan en su corazón.

"… y lavaréis vuestros pies; y por la mañana os levantaréis, y seguiréis vuestro camino". Lot abrió las puertas de su hogar a aquellos extraños, que sin él saberlo, eran ángeles o emisarios enviados por Dios. ¿Cuántas cosas podemos hacer por otras personas que han llegado a nosotros como emisarios o enviados por Dios? También les ofreció la oportunidad de sentirse cómodos en su hogar: "y lavaréis vuestros pies". Me gusta esa expresión. Aquellos que nos visitan deben sentirse bien y a gusto en nuestros hogares.

"… y lavaréis vuestros pies; y por la mañana os levantaréis, y seguiréis vuestro camino". Lot les pone reglas a aquellos visitantes. Ayudar a otros no es no ayudarnos a nosotros. Desde el principio les puso los puntos a las íes. Tenemos que arroparnos hasta donde nos dé la sábana.

"Y ellos respondieron: No, que en la calle nos quedaremos esta noche". Con esta declaración estaban buscando descubrir hasta dónde llegaba la sinceridad hospitalaria de Lot. Muchos tienen que ser probados para saber hasta dónde son sinceros en lo que dicen y ofrecen.

"Mas él porfió con ellos mucho, y fueron con él, y entraron en su casa; y les hizo banquete, y coció panes sin levadura, y comieron" (19:3). Lot porfió positivamente con ellos para que se quedaran. Trató de convencerlos para que aceptaran su invitación. Para muchas personas, porfiar negativamente es uso y costumbre en ellos. ¡Nunca pierden! Aquellos que son porfiadores negativos tiene un círculo de amistades reducido, no tienen química emocional con nadie y dañan las reuniones.

Ante su insistencia, "fueron con él". Tenemos que insistir para ser acompañados por otros. El ser humano es un ser gregario, no un ser solitario. Necesitamos compañía. Sansón fue un líder solitario, vivió solo, anduvo solo, peleó solo, juzgó solo y, al final, murió solo. Nunca buscó el consejo de sus ancianos para gobernar, nunca buscó la compañía de sus seres queridos, nunca levantó un ejército para luchar contra los filisteos. Todo lo hizo solo. Un verdadero "llanero solitario hebreo". Al final de la muerte heroica de Sansón, aparecieron sus hermanos y familiares para recuperar su cadáver y darle sepultura (Jue. 16:30-31).

Luego leemos: "y les hizo banquete, y coció panes sin levadura, y comieron". Lot compartió su comida con ellos, y coció "panes sin levadura". Él mantenía costumbres religiosas en su dieta alimenticia. Hay cosas que la religión prohíbe y se deben cumplir. Lot comió con ellos: "y comieron". Comer es una necesidad de subsistencia para el ser humano, pero comer con personas significativas es una expresión de comunión (Hch. 2:42, 46). La familia consanguínea y la espiritual deben hacer tiempo para comer juntos.

II. La indecisión

"Y dijo: Os ruego, hermanos míos, que no hagáis tal maldad" (Gn. 19:7).

Los varones de Sodoma de todas las edades se enteraron de que aquellos forasteros fueron hospedados en la tienda de Lot, y rodearon la misma (19:4). Leemos: "Y llamaron a Lot, y le dijeron: ¿Dónde están los varones que vinieron a ti esta noche? Sácalos, para que los conozcamos" (19:5). Todo este lenguaje apunta hacia una desviación sexual, una práctica degenerada contra naturaleza. La homosexualidad era legal y pública en Sodoma, y parece que también en Gomorra. Esa es una de las causas del juicio divino sobre ambas ciudades.

En Ezequiel 16:48-50 se nos habla de otras causas que trajeron el juicio sobre Sodoma: "Vivo yo, dice Jehová el Señor, que Sodoma tu hermana y sus hijas no han hecho como hiciste tú y tus hijas. He aquí que ésta fue la maldad de Sodoma tu hermana: soberbia, saciedad de pan, y abundancia de ociosidad tuvieron ella y sus hijas; y no fortaleció la mano del afligido y del menesteroso. Y se llenaron de soberbia, e hicieron abominación delante de mí, y cuando lo vi las quité". Ezequiel nos señala la soberbia, la ociosidad, la glotonería y la opresión del afligido y del menesteroso. Y esto debe ser tomado en cuenta, y no pensar únicamente en la violación sexual que aquel grupo de degenerados querían infligir a los visitantes de Lot.

Flavio Josefo describió a Sodoma de esta manera:

> Por aquella época los sodomitas, a causa de su gran riqueza, se volvieron orgullosos, injustos con los hombres e impíos en la religión, olvidando los beneficios recibidos; odiaban a los forasteros y se entregaban a costumbres repudiables. Dios se sintió ofendido y decidió castigar su insolencia, y no solamente derribarles la ciudad, sino también, devastar los campos para que no creciera ningún producto de la tierra (*Antigüedades de los judíos*, Tomo 1, [Terrassa: Editorial Clie, 1986], p. 31).

"Sácalos, para que los conozcamos". Ellos querían hacer una violación colectiva sodomizando a aquellos varones. Muchas ciudades del mundo están como Sodoma, donde la homosexualidad como estilo de vida se promociona. (No se puede discriminar a los homosexuales, tampoco deben ser abusados físicamente o verbalmente, pues son seres humanos que deben ser respetados como cualquier otro ser humano. Bromas de mal gusto contra ellos, como contra otros seres humanos, no deben ser expresadas. Hoy día en muchos países están protegidos por la ley, y eso se debe tener en cuenta).

En la actualidad se llaman a sí mismos "gays", sobrenombre que popularizó el campeón de sus derechos, el judío Harvey Bernard Milk de California, el cual dirigió la revolución de este movimiento en los años setenta. Pero tampoco se les puede aplaudir por sus actos. Cada ser humano un día responderá ante el tribunal de Jesucristo por sus pensamientos, hechos y pecados. Las legislaciones para aprobar y legalizar los matrimonios homosexuales van contra la familia tradicional y los valores judeocristianos.

Isaías 3:9 nos da una generalización del pecado de Sodoma: "La apariencia de sus rostros testifica contra ellos; porque como Sodoma publican su pecado, no lo disimulan. ¡Ay del alma de ellos! porque amontonaron mal para sí".

Romanos 1:24-32 da otra generalización del pecado de la ciudad de Roma:

> Por lo cual también Dios los entregó a la inmundicia, en las concupiscencias de sus corazones, de modo que deshonraron entre sí sus propios cuerpos, ya que cambiaron la verdad de Dios por la mentira, honrando y dando culto a las criaturas antes que al Creador, el cual es bendito por los siglos. Amén.
>
> Por esto Dios los entregó a pasiones vergonzosas; pues aun sus mujeres cambiaron el uso natural por el que es contra naturaleza, y de igual modo también los hombres, dejando el uso natural de la mujer, se encendieron en su lascivia unos con otros, cometiendo hechos vergonzosos hombres con hombres, y recibiendo en sí mismos la retribución debida a su extravío.
>
> Y como ellos no aprobaron tener en cuenta a Dios, Dios los entregó a una mente reprobada, para hacer cosas que no convienen; estando atestados de toda injusticia, fornicación, perversidad, avaricia, maldad; llenos de envidia, homicidios, contiendas, engaños y malignidades; murmuradores, detractores, aborrecedores de Dios, injuriosos, soberbios, altivos, inventores de males, desobedientes a los padres, necios, desleales, sin afecto natural, implacables, sin misericordia; quienes habiendo entendido el juicio de Dios, que los que practican tales cosas son dignos de muerte, no sólo las hacen, sino que también se complacen con los que las practican.

En el estado de Nueva York, de 62 senadores estatales, con 32 republicanos, 26 demócratas y 4 independientes, se aprobó el día 24 de junio de 2011 el matrimonio homosexual (Acta del Matrimonio de Igualdad), con una votación de 33 a favor y 29 en contra. El voto de cuatro senadores estatales republicanos dio esa pecaminosa victoria a los homosexuales, que han hecho del estado de Nueva York el sexto que aprobó esta ley. De todos los demócratas, solo el Rvdo. Dr. Rubén Díaz Sr., un amigo personal, al cual apoyamos en las marchas y en la protesta dentro del mismo Capitolio del estado, fue el único demócrata que pasó a la historia por votar no en contra de la ley sodomita. En nuestro estado lo reconocemos como "el profeta de justicia".

Cuando viajé por Francia, vi que los lugares donde los homosexuales podían entrar para consumir bebidas alcohólicas o tener reuniones privadas se identificaban con la bandera arco iris. En los templos de denominaciones que profesan la exclusividad sexual, también ondea la bandera arco iris. En Estados Unidos tenemos denominaciones en cuyos templos ondea la bandera arco iris como señal de que los homosexuales son bienvenidos para adorar a Dios.

La atracción por personas del mismo sexo se consideraba antes una desviación sexual, un problema psicológico o una condición espiritual. Ahora, los activistas "gays" se las han arreglado para que se considere una preferencia sexual. Hoy día, los niños, adolescentes y jóvenes están cada día más expuestos a esta cultura "gay". A ese pecado de homosexualidad se le llama "preferencia sexual".

Mi amigo, el Dr. José Dunker, doctor en Medicina y doctor en Psiquiatría, se atrevió a escribir un libro titulado *La homosexualidad al desnudo*. En su libro dice:

> ¿Sufren los homosexuales por su modo de ser? La respuesta es claramente afirmativa: tienen más depresión, ansiedad y delirios que la población general. El calificativo gay es el menos apropiado. Además exhiben más problemas de conducta y tienen más cáncer, infecciones, obesidad, asma, y otras molestias que las demás personas. Sea cual sea la relación de causa y efecto, el resultado final es que los homosexuales tienen más problemas de salud que el resto de la población y esto, como vimos en el capítulo anterior, es consecuencia directa de su estilo de vida.
>
> ¿Hacen sufrir a los demás, los homosexuales, con su modo de ser? La respuesta es también afirmativa. Nunca hemos encontrado unos padres que digan: ¡Qué hermoso, nuestro hijo es homosexual! En algunas culturas la homosexualidad es combatida ferozmente, en otras es tolerada como una condición inferior, pero que merece respeto" (pp. 50-51).

Flavio Josefo habla de estos sodomitas diciendo: "Los sodomitas, al ver a los adolescentes de extraordinaria belleza que se habían alojado en la casa de Lot, decidieron gozar de ellos por la fuerza" (*Antigüedades de los judíos*, tomo I [Terrassa: Editorial Clie, 1986], p. 32).

La expresión "para que los conozcamos" implica que ellos querían tener *relaciones íntimas* con ellos. En varios lugares de la Biblia, "conocer" implica tener relaciones sexuales e íntimas con la pareja (Gn. 4:1, 17, 25; Mt. 1:25).

Lot abrió la puerta, luego la cerró y habló con ellos (19:6). Les dijo: "Os ruego, hermanos míos, que no hagáis tal maldad" (19:7). Aunque Lot vivía en Sodoma, Sodoma no vivía en Lot. Él le cerraba la puerta al pecado de esa ciudad. ¡La Iglesia le cierra la puerta al pecado! ¡La familia le cierra la puerta al pecado! ¡El matrimonio le cierra la puerta al pecado! Lot les predicó en contra de su pecado. Hay que amar al pecador, pero su pecado debe ser desaprobado.

Leemos: "He aquí ahora yo tengo dos hijas que no han conocido varón, os las sacaré fuera, y haced de ellas como bien os pareciere, solamente que a estos varones no hagáis nada, pues que vinieron a la sombra de mi tejado" (19:8).

"He aquí ahora yo tengo dos hijas que no han conocido varón". La expresión de los varones de Sodoma "para que los conozcamos" (19:5) y la declaración de Lot, "dos hijas que no han conocido varón" (19:8), comprueba que "conozcamos" y "conocido" es un verbo aquí utilizado como sinónimo de relaciones sexuales. En una ciudad corrompida como Sodoma, Lot tenía la dicha de haber criado dos hijas que todavía se mantenían vírgenes. La virginidad es el mejor regalo que un joven o una señorita le pueden consagrar al Señor Jesucristo, manteniéndose puros, en castidad, en abstinencia, hasta el día que se casen con otros creyentes.

"... os las sacaré fuera". Hay que tener cuidado como padres de sacar a los hijos de la casa, especialmente a las hijas. El día que salgan, que sea con nuestra bendición y permiso y no por nuestras presiones paternales o maternales. Padres y madres, denles mucho calor y mucho cariño a sus hijos para que no tengan que abandonar los hogares. No los empujen a salir antes de tiempo.

"... y haced de ellas como bien os pareciere". ¿En realidad quería Lot hacer un trueque con sus hijas para proteger a los visitantes, y dejar que aquellos depravados "varones" las violaran? Pienso que no. Lot sabía que ellos eran homosexuales; no les gustaban las mujeres, les gustaban los hombres. El sexo opuesto no les atraía, pues no eran heterosexuales, eran atraídos por su propio sexo, clasificados como homosexuales.

Como anfitrión, Lot estaba en el deber de proteger y ofrecer seguridad a sus hospedados, era la ley de la hospitalidad. Un anfitrión era responsable de la seguridad de un visitante, aunque con ello incurriera en exponer la seguridad de su propia familia. Con su acto les ilustraba a aquellos desviados sociales la seriedad de su postura.

Muchos hacen con las mujeres "como bien les parece". Abusan de ellas, las maltratan, las usan y las desechan. La mujer también fue hecha a imagen de Dios: "Y creó Dios al hombre a su imagen, a imagen de Dios lo creó, varón y hembra los creó" (Gn. 1:27). Por tanto, esa imagen de Dios o *imago Dei* en la mujer tiene que respetarse.

"... solamente que a estos varones no hagáis nada". Eso era todo lo que Lot les pedía a los varones de Sodoma. Niños y jóvenes indefensos son abusados sexualmente por los sodomitas de nuestro tiempo. Estas violaciones pueden ocurrir en cualquier lugar, a cualquier hora y por cualquier degenerado con cara de malo, pero la mayoría de las veces, con cara de bueno.

"... pues vinieron a la sombra de mi tejado". Tenemos que cuidar de aquellos que están bajo nuestra cobertura tanto natural como espiritual. Bajo el techo de Lot había protección. Bajo el techo de la Iglesia, Jesucristo cuida a sus huéspedes.

Leemos: "Y ellos respondieron: Quita allá; y añadieron: Vino este extraño para habitar entre nosotros, ¿y habrá de erigirse en juez? Ahora te haremos más mal que a ellos. Y hacían gran violencia al varón, a Lot, y se acercaron para romper la puerta" (19:9).

Esa expresión "quita allá" es como: "salte del medio", "quítate delante de nosotros", "muévete al lado", déjanos entrar". No respetaban la ley de la hospitalidad del desierto. Luego lo criticaron: "Vino este extraño para habitar entre nosotros, ¿y habrá de erigirse en juez?". Lot, aunque residente y ciudadano de Sodoma, era un "extraño" en el mundo de Sodoma. La Iglesia, aunque residente en este mundo, será considerada siempre como una "extraña". En el mundo que no teme a Dios, un creyente es un "extraño".

Ellos se preguntaron: "¿y habrá de erigirse juez?". No creían en la justicia. Aborrecían la ley y el orden. No querían que un Lot les predicara, les enseñara o les corrigiera. Pecaban para vivir y vivían para pecar. Decidieron entonces arremeter contra él: "Ahora te haremos más mal que a ellos". El que trató de ayudar es ahora el que necesita ayuda. El coraje y la maldad de ellos querían desplazarlos contra él. Los "buenos" son víctimas de los malos.

Veamos cómo actuaron: "Y hacían gran violencia al varón, a Lot, y se acercaron para romper la puerta". Se volvieron violentos contra Lot, al que se le señala como "varón". Y le es adecuado porque se portó varonilmente y se mantuvo "varón". Luego decidieron "romper la puerta". Por la fuerza buscaban imponer su voluntad. Los "rompepuertas" son aquellos que violan los derechos de los demás.

Jueces 19:22-25 habla sobre otro caso de homosexualidad y ultraje:

> Pero cuando estaban gozosos, he aquí que los hombres de aquella ciudad, hombres perversos, rodearon la casa,

golpeando a la puerta; y hablaron al anciano, dueño de la casa, diciendo: Saca al hombre que ha entrado en tu casa, para que lo conozcamos. Y salió a ellos el dueño de la casa y les dijo: No, hermanos míos, os ruego que no cometáis este mal; ya que este hombre ha entrado en mi casa, no hagáis esta maldad. He aquí mi hija virgen, y la concubina de él; yo os las sacaré ahora; humilladlas y haced con ellas como os parezca, y no hagáis a este hombre cosa tan infame. Mas aquellos hombres no le quisieron oír; por lo que tomando aquel hombre a su concubina, la sacó; y entraron a ella, y abusaron de ella toda la noche hasta la mañana, y la dejaron cuando apuntaba el alba.

III. La liberación

"Entonces los varones alargaron la mano, y metieron a Lot en casa con ellos, y cerraron la puerta" (Gn. 19:10).

Los ángeles "alargaron la mano, y metieron a Lot en casa con ellos, y cerraron la puerta". Lo que uno siembra, uno cosecha. Lot sembró ayuda y cosechó ayuda; tendió la mano y le "alargaron la mano". Luego "cerraron la puerta". En algún momento dado, alguien tiene que ayudarnos a cerrar la puerta ante nuestros enemigos.

Luego los ángeles hirieron con ceguera a toda aquella turba amotinada por la violencia y las pasiones desordenadas, de tal manera que no podían encontrar la puerta (19:11). Jesús dijo: "Yo soy la puerta de las ovejas" (Jn. 10:7). En el Medio Oriente se hacían vallados de piedra; el pastor en las noches dormía a la entrada única que se tenía, y se constituía en la puerta de las ovejas. Muchos no encuentran esa puerta por su ceguera espiritual.

Los ángeles le pidieron a Lot que sacara de Sodoma todo lo que tenía (19:12). Leemos: "¿Tienes aquí alguno más? Yernos, y tus hijos, y tus hijas, y todo lo que tienes en la ciudad, sácalo de este lugar". Lot tenía que sacar a toda su familia, todo tenía que salir de Sodoma. Los "yernos" no estaban casados con sus dos hijas; estaban comprometidos. Por cierto, era un yugo desigual; dos sodomitas (no homosexuales) con dos hebreas. Ya en una tercera generación, los descendientes de Lot estarían todos perdidos.

¿Por qué se dice "tus hijos"? No encuentro explicación lógica. Probablemente sea un accidente textual. Tres teorías pueden formularse: (1) Fueron los hijos que Lot tuvo con alguna sierva o esclava, y que salieron de su cobertura. (2) Fueron los hijos que tuvo con su esposa. ¿Qué pasaría con ellos? (3) Posiblemente una redundancia, para señalar como "hijos" a sus futuros "yernos". Sin lugar a dudas, fueron arrastrados por algunos de los pecados de Sodoma o se negaron a salir de Sodoma por amor a las cosas mundanas o por incredulidad al juicio profetizado.

Leemos: "sácalo de este lugar". Hay lugares de los cuales tenemos que sacar a nuestros hijos. Un cambio geográfico puede beneficiar o ser dañino. En ocasiones, los padres tendrán que hacer sacrificios por el bienestar de los hijos, sacarlos de alguna escuela y registrarlos en otra; mudarse de una localidad a otra. Pero cuidado con mudarse de una buena congregación donde sus hijos estén siendo ministrados y se sientan bien.

Lot oyó el aviso de los ángeles (19:13); habló con sus futuros yernos (19:14), pero "pareció a sus yernos como que se burlaba" (19:14). Ellos tomaron a broma sus palabras. No creyeron a su futuro suegro.

Al amanecer, los ángeles apresuraron a Lot con estas palabras: "Levántate, toma tu mujer, y tus dos hijas que se hallan aquí, para que no perezcas en el castigo de la ciudad" (19:15).

"Y deteniéndose él..." (19:16). A pesar del peligro que se avecinaba Lot se detuvo, se aguantó, se salió del ritmo. Los ángeles los tomaron a todos de las manos, sacándolos y llevándolos fuera de Sodoma (19:16). Dios envía ángeles para tomarnos de las manos y sacarnos del peligro. Y si nos detenemos, nos llevan de las manos. Dios tiene "grúas" espirituales para remolcar a los creyentes.

IV. La salvación

> "Y cuando los hubieron llevado fuera, dijeron: Escapa por tu vida; no mires tras ti, ni pares en toda esta llanura, escapa al monte, no sea que perezcas" (Gn. 19:17).

Muy a pesar de Lot y los suyos por haber salido de la ciudad de Sodoma, todavía sus vidas estaban en peligro (19:17). Lot les pidió que le dieran permiso para ir a la pequeña ciudad de Zoar (significa "pequeñez"), en lugar del monte (19:19-20). De una ciudad grande residiría en una ciudad pequeña. Por causa de la salvación ofrecida por el Señor Jesucristo, tenemos que dejar lo grande por lo pequeño. Muchos, como Lot, prefieren cambiar el "monte" de la seguridad espiritual y de la comunión por la "Zoar" pasajera e insegura (19:30). A causa de Lot, Zoar no fue destruida (19:21).

Leemos: "Date prisa, escápate allá; porque nada podré hacer hasta que hayas llegado allí. Por eso fue llamado el nombre de la ciudad, Zoar" (19:22).

"Date prisa". Hay cosas en la vida en las que la persona se tiene que dar prisa. El fracaso de muchos es la demora en hacer las cosas. Se toman tanto tiempo en hacer algo, que cuando lo hacen, ya es demasiado tarde. Las cosas se tienen que realizar con un orden de prioridades.

"... escápate allá". Si a un lugar se puede escapar aquí en la tierra, es a la iglesia, al templo; el otro lugar es el cielo, donde un día escaparemos de la tierra. Hay una fuga espiritual, y todos los creyentes debemos ser parte de ella; y es fugarnos del mundo. Un día haremos la gran fuga de este mundo, Jesús vendrá y en un abrir y cerrar de ojos nos trasladaremos al cielo y desapareceremos de este mundo (1 Ts. 4:14-18; 1 Co. 15:51-52).

Veamos esta comparación: "Llegaron, pues los dos ángeles a Sodoma a la caída de la tarde" (19:2). "El sol salía sobre la tierra, cuando Lot llegó a Zoar" (19:23). Cerca de doce horas después de la llegada angelical, Lot llegó a Zoar. Allí, en esa misma hora, azufre y fuego cayeron sobre Sodoma y Gomorra. Mientras la Iglesia de Jesucristo esté aquí en la tierra, el juicio divino no comenzará. Todas las ciudades de la llanura fueron destruidas, al igual que su fruto (19:25). Esto parece explicar esa zona salina, sulfúrica y desértica del Mar Muerto.

Leemos: "Entonces la mujer de Lot miró atrás, a espaldas de él, y se volvió estatua de sal" (Gn. 19:26; cp. Lc. 17:32). Si ya Lot había llegado a la zona de seguridad, ¿cómo entender que su mujer, al mirar atrás sin él darse cuenta, se petrificó en sal? Lo que esta imagen señala es que ella, sin Lot saberlo, se quedó retrasada o regresó a su punto de partida, siendo alcanzada por el juicio divino o por la lava de sulfuro volcánico.

Dice Flavio Josefo: "La mujer de Lot, que se dio vuelta llena de curiosidad para ver lo que ocurría a la ciudad, a pesar de que Dios lo había prohibido, fue convertida en una estatua de sal" (*Antigüedades de los judíos,* tomo I [Terrassa: Editorial Clie, 1986], p. 33).

En la Patrística, *Primera Carta de Clemente a los Corintios,* Clemente declara:

> Porque cuando la esposa de Lot hubo salido con él, no estando ella de acuerdo y pensando de otra manera, fue destinada a ser una señal de ello, de modo que se convirtió en una columna de sal hasta este día, para que todos los hombres supieran que los indecisos y los que dudan del poder de Dios son puestos para juicio y ejemplo a todas las generaciones (*Lo mejor de los Padres Apostólicos* [Terrassa: Editorial Clie, 2004], p. 123).

En una curva cerrada al sur del Mar Muerto, en la carretera que lleva a Eilat, ciudad fronteriza de Israel con Egipto, hay una roca salina sobresaliente que la tradición y los guías señalan como la estatua de la mujer de Lot.

"... miró atrás". Sodoma nunca salió del corazón de ella, aunque ella salió de Sodoma. Amó más al mundo que a su esposo y a sus hijas. Nunca dejó de mirar al mundo. Era una inquilina del mundo. Su mirada estaba concentrada en lo que dejó atrás en su Sodoma. Una mirada hacia el pasado arruinaría para siempre la vida de aquella mujer.

"... a espaldas de él". En las antiguas y presentes culturas orientales, las mujeres caminan detrás de los hombres. Pero quisiera hacer algunas aplicaciones a esto. A la "señora de Lot" le gustaba hacer las cosas a escondidas. A espaldas de él se quedó mirando y deleitándose en Sodoma. Al mundo hay que darle la espalda. Aquellos que hacen las cosas a espaldas de sus autoridades espirituales, de sus cónyuges y de sus padres, se petrifican.

Por la mañana Abraham miró hacia donde había estado con Dios mirando a Sodoma y Gomorra, y vio todo el humo que subía (19:27-28). Leemos: "Dios se acordó de Abraham" (19:29). A causa de él, envió a sacar a Lot antes del juicio divino. ¿Se acordará Dios de nosotros? ¿Nos ayudará Dios porque se acuerda de algún familiar nuestro?

V. La debilidad

"Ven, demos a beber vino a nuestro padre,
y durmamos con él, y conservaremos de
nuestro padre descendencia" (Gn. 19:32).

De Zoar, Lot tuvo que irse a vivir al monte, y allí vivió en una cueva con sus dos hijas (19:30). Sus nombres no están registrados, pero por años yo las he llamado "Lotiana" y "Lotita". "Lotiana", la hija mayor, influenció a "Lotita", la menor. A causa de ser su padre viejo y pensar que ya no habían varones, decidieron emborracharlo, una noche cada una, y acostarse con él.

"Lotiana" y "Lotita" no eran espirituales. La influencia de Sodoma y Gomorra afectó a sus valores espirituales; igualmente, el mundo influye negativamente sobre nuestros hijos e hijas y tenemos que vigilarlos y cuidarlos. En vez de dedicarse a la oración y esperar en Dios, ellas fueron muy precipitadas e hicieron su propia voluntad y no la de Dios.

Leemos: "Entonces la mayor dijo a la menor..." (19:31). Los mayores pueden influenciar positivamente o negativamente a los menores. "Lotiana" y "Lotita", las hijas de Lot, no tenían el temor de Dios en sus corazones. Se atrevieron a emborrachar a su padre, y lo peor, él se prestó para que le emborracharan (19:32-35).

Al hijo de la mayor, a quien llamo "Lotiana", se le dio el nombre de Moab (que significa "a través de nuestro padre"); y el hijo de la menor, a quien apodo "Lotita", fue llamado Ben-ammi (que significa "hijo de mi pueblo"); y de este último descienden los amonitas (Gn. 19:36-38).

Flavio Josefo arroja cierta luz a lo anterior:

> Creyendo las vírgenes que se había extinguido todo el género humano, tuvieron contacto con el padre, pero tomando la precaución de que éste no se enterase. Lo hicieron con el propósito de que no desapareciese completamente la humanidad. Tuvieron hijos; el de la mayor se llamó Moab, que significa "del padre". El de la menor se llamó Amón, que significa "hijo del género". El primero fue el padre de los moabitas, que son ahora una gran nación; el segundo, de los amonitas. Ambas naciones habitan en la Celesiria. Y así fue como Lot salió de entre los sodomitas (*Antigüedades de los judíos*, tomo I [Terrassa: Editorial Clie, 1986], p. 33).

El actual reino de Jordania está comprendido por los antiguos territorios de Edom, Moab y Amón. En Edom se encuentra la ciudad rosada de Petra, y los estudiantes de escatología ven aquí el refugio de los "ciento cuarenta y cuatro mil" judíos sellados (Dn. 11:41, cp. Ap. 7:4; 12:6; 14:1).

Verdades para ser aplicadas

1. La hospitalidad es una manera por la cual un creyente puede ser bendecido.
2. La protección de aquellos que están bajo nuestra cobertura es un deber y una responsabilidad.
3. Sembrar un favor en otros puede cosechar de otros algún favor.
4. Aunque nosotros hayamos llegado a la zona de seguridad, eso no significa que toda nuestra familia haya llegado.

13

LA DEBILIDAD DE ABRAHAM

"Y a la verdad también es mi hermana,
hija de mi padre, más no hija de mi madre,
y la tomé por mujer" (Gn. 20:12).

Introducción

Viajando hacia el sur del Mar Muerto en el desierto del Neguev, en medio de Cades y de Shur, Abraham se estableció en Gerar (20:2). Allí le dijo al rey Abimelec que Sara era su hermana, y este la tomó por mujer (20:2). Dios en sueños amonestó a Abimelec, diciéndole que ella era casada; Abimelec entendió que su marido era Abraham, y se mostró arrepentido ante Dios y Dios lo perdonó (20:3-6). También le pidió que devolviese a Sara a Abraham (20:8).

Abimelec confrontó a Abraham por su engaño (20:9-10), pero este se justificó confesando que al decir que era su hermana dijo la verdad (20:12-14). Aunque admitió la verdad de que también era su esposa, Abimelec compensó a ambos, buscando tranquilidad para su conciencia (20:14-16).

Luego aparece Abraham orando por la sanidad de Abimelec y su mujer y sus siervos; lo cual Dios hizo abriendo las matrices que Él había cerrado (20:17-18)

I. El temor

"Y dijo Abraham de Sara su mujer: Es mi hermana. Y Abimelec rey de Gerar envió y tomó a Sara" (Gn. 20:2).

Abraham "habitó como forastero en Gerar" (20:1). Estaba allí, pero sabía que no era de allí. Nosotros estamos en el mundo, pero sabemos que somos forasteros en él. El mundo no nos puede dar residencia temporal ni ciudadanía permanente. Abraham representa a todos aquellos que vamos en transición y de pasada por el "Gerar" de este mundo. El nombre "Gerar" significa "arrastrar" o "recipiente circular".

Abraham le dijo al rey Abimelec de Sara: "Es mi hermana" (20:2). ¿Por qué no le dijo: "Es mi esposa"? Negó a su esposa. Y esta fue la segunda vez que lo hizo (12:11-13). No aprendió la primera vez. Mostró la misma debilidad y repitió el mismo error. Hay seres humanos que tropiezan en la misma piedra más de una vez. Muchas de sus acciones son ciclos repetitivos.

Abraham negó a su esposa. ¿Por qué algunos hombres niegan a sus esposas? Lo hacen porque les conviene. Las niegan en el trabajo, las niegan cuando conocen a otra y les atrae, las niegan cuando ya no las aman, y las niegan con sus hechos y acciones.

Es probable que Abraham creyera que a causa de la hermosura de Sara, el rey Abimelec la habría deseado por mujer y, al saber que era su esposa, haría de Sara una viuda inmediata. Así que Abraham utilizó el mismo mecanismo de defensa del pasado. Abimelec "envió y tomó a Sara". La vio mujer libre, la buscó y la tomó. La mujer casada tiene que cuidarse y protegerse de esos "Abimelec" que las buscan y las quieren tomar por mujer. Supe de un "don Juan" a quien su pastor tuvo que expulsar de la congregación porque se dedicaba a jugar al "consejero matrimonial", y se acercaba a mujeres que él percibía que tenían problemas en su matrimonio y supuestamente las quería ayudar, terminando luego seduciéndolas y haciéndolas caer en pecado con él.

II. El aviso

> "Pero Dios vino a Abimelec en sueños de noche, y le dijo: He aquí, muerto eres, a causa de la mujer que has tomado, la cual es casada con marido" (Gn. 20:3).

Dios habló en sueños con Abimelec (que significa "padre del rey"), y le reveló que moriría por causa de Sara, porque ella era casada. Dios defiende la institución del matrimonio. Tener una posición alta, que goza de autoridad o privilegios, no le da el derecho a ninguna persona de apropiarse de lo que legalmente le pertenece a otra persona. Muchos han muerto por causa de mujeres casadas. Se han enredado con ellas. No han hecho caso a los avisos que se les han dado; y un día, una mañana, una tarde o una noche, un marido celoso y vengativo les troncha la vida. El que se mete con una mujer casada se mete en peligro. No olvidemos estas palabras: "muerto eres... la mujer que has tomado... es casada con marido".

Leemos: "Mas Abimelec no se había llegado a ella" (20:4). Un pagano, un inconverso, fue cauteloso con aquella mujer extraña, y no se llegó a ella. ¡Supo esperar, y su espera le ayudó! Abimelec apeló a la justicia de Dios: "Señor, ¿matarás también al inocente?" (20:4). ¿Dónde aprendió un hombre como Abimelec a conocer la justicia de Dios? Todo ser humano, lo admita o no, sabe que Dios es justo. Su justicia favorece al inocente. No puede haber juicio sin justicia. La justicia no discrimina, es para todos.

Me he encontrado con adictos, alcohólicos, confinados, miembros de pandillas, homosexuales y lesbianas, que muy a pesar de los prejuicios que se puedan tener contra ellos, han demostrado un alto nivel de responsabilidad, ética, respeto e integridad; que lo que son y hacen nada tiene que ver con su conducta y su trato con sus semejantes. Por el contrario, me he encontrado con miembros de la familia de la fe carentes de valores y con una ausencia de principios morales.

Abimelec entonces declaró a Dios: "¿No me dijo él: Mi hermana es; y ella también dijo: Es mi hermano? Con sencillez de mi corazón y con limpieza de mis manos he hecho esto" (20:5). La pareja en el matrimonio se llega a parecer. Y cuantos más años pasan, mayor es la transferencia conyugal. Lo bueno y lo malo se puede transferir. Desde luego, toma toda una vida y nunca se llegan a conocer plenamente. En el caso de Abraham y Sara, los dos llegaron a hablar lo mismo. Con el compartir de los años surge afinidad en las parejas. Se transforman en un dueto emocional.

Abimelec lo hizo todo con corazón sencillo y con manos limpias. Su corazón no le acusó y sus manos no las ensució. ¡Se mantuvo limpio! Aunque no servía al Dios de Abraham, era un ser humano con convicciones morales. Pudo oír la voz de Dios cuando le habló a su corazón.

"Yo también sé que con integridad de tu corazón has hecho esto" (20:6). Dios reconoció el corazón íntegro de Abimelec. La integridad es lo que somos delante de Dios, y la reputación es lo que somos delante de los demás. El verdadero testimonio cristiano no es lo que lo que testifico acerca de mí, sino lo que otros testifican sobre mí. No es hablar del cambio de lo que Jesucristo ha hecho en mí, sino que otros vean el cambio de lo que el Señor ha hecho en mí.

"Y yo también te detuve de pecar contra mí" (20:6). Dios ayuda al ser humano para que no peque. Abimelec, sin darse cuenta, estaba haciendo la voluntad de Dios. Dios no lo dejó pecar con Sara, porque eso sería pecar contra Él. Frente a la tentación, el Espíritu Santo se hace presente para ayudarnos a no pecar.

"… y así no te permití que la tocases" (20:6). ¿Qué permite Dios y que prohíbe Dios? La ética cristiana se basa sobre esos principios de permiso divino. Son muchas las cosas que el Señor Jesucristo no nos permite hacer. ¡Dios nunca nos permitirá pecar! Cualquier pecado que se haga, que nos hayamos acostumbrado a practicar, que no sintamos convicción por el mismo, no nos exonera ante Dios. Los seres humanos pecamos porque nos da la gana pecar.

"Todas las cosas me son lícitas, mas no todas convienen; todas las cosas me son lícitas, mas yo no me dejaré dominar de ninguna" (1 Co. 6:12). "Todo me es lícito, pero no todo conviene; todo me es lícito, pero no todo edifica" (1 Co. 10:23).

"Ahora, pues, devuelve la mujer a su marido" (20:7). ¡Lo ajeno se devuelve! El que toma mujer ajena la debe devolver, porque Dios se lo ordena. A muchos que andan y viven con mujeres ajenas no les va bien... y ellos lo saben. ¡Lo mismo les ocurre a mujeres que se amarran a hombres ajenos, y a quienes Dios también les ordena devolverlos!

"... porque es profeta, y orará por ti, y vivirás" (20:7). Abraham era un vocero y un intérprete de la voluntad de Dios. Dios le dijo a Abimelec que era "profeta". Una persona con un don puede ser inmadura, como lo fue el "padre de la fe". El ejercicio de los dones debe estar acompañado del carácter y responsabilidad del poseedor. El fruto del Espíritu y los dones del Espíritu deben trabajar juntos; son complementarios.

Además, Dios le afirmó: "Y orará por ti, y vivirás". El hombre débil confesó que temió por su vida; era una persona de oración. La oración y la fe son vecinas; aunque Dios le habló a Abimelec, este no podía orar por sí mismo, pero Abraham sí podía orar por él. Son muchos los que necesitan nuestras oraciones. La oración de Abraham sería para vida.

"Y si no la devolvieres, sabe que de cierto morirás tú, y todos los tuyos" (20:7). ¡Esto es un ultimátum final! ¡Devuélvela o van a celebrarte el funeral! El adulterio es una carga explosiva. Dios lo condena. La mujer ajena se devuelve, al igual que el hombre de otra.

Temprano en la mañana, Abimelec habló a sus siervos lo que Dios le dijo, y tuvo efecto: "y temieron los hombres en gran manera" (20:8). Un inconverso predicando a inconversos, que llenaron el altar. ¡Dios es soberano! Hace lo que quiere; con quien quiere, como quiere; donde quiere y porque quiere. ¡Eso es soberanía!

III. La confrontación

> "Después llamó Abimelec a Abraham, y le dijo: ¿Qué nos has hecho? ¿En qué pequé yo contra ti, que has

> atraído sobre mí y sobre mi reino tan grande pecado? Lo que no debiste hacer has hecho conmigo" (Gn. 20:9).

"¿Qué nos has hecho?". Con esta pregunta comienza el cuestionamiento de Abimelec contra Abraham. Un inconverso le señala sus faltas a un creyente. Nuestros hechos, buenos o malos, son observados por el mundo. Pregunto: ¿Qué hemos hecho nosotros? ¿Qué has hecho tú? ¿Qué he hecho yo? ¡Cuántas veces hemos sido confrontados por la buena conducta de inconversos, quienes al vernos actuar indebidamente, nos corrigen y nos llaman al orden!

"¿En qué pequé yo contra ti, que has atraído sobre mí y sobre mi reino tan grande pecado?". Abimelec asoció su pecado con el pecado del pueblo; en su pecado también pecaría su reino. Muchos de nuestros pecados afectan a aquellos que están asociados con nosotros. Hay quienes por su pecado hacen que otros obtengan las malas consecuencias por otro lado. Abimelec parece decirle a Abraham: "Yo no pequé contra ti, tú has sido el responsable de que en mi reino hayamos pecado".

"Lo que no debiste hacer has hecho conmigo". En otras palabras: "Tú tienes la culpa". "Te comportaste mal conmigo". "Me hiciste hacer algo indebido". "¿Por qué no dijiste la verdad?". "Se supone que un hombre de Dios como tú debió ser sincero conmigo". Una piedra estaba hablando al padre de la fe. Aún Dios nos habla por los inconversos.

"¿Qué pensabas, para qué hicieses esto?" (20:10). Nuestros pensamientos pueden traicionar nuestras acciones. Un pensamiento negativo produce un sentimiento negativo, y un sentimiento negativo produce una acción negativa ¿En qué estamos pensando cuando hacemos muchas cosas? ¿Por qué digo esto? ¿Por qué quiero hacer esto? ¿Me conviene o no? ¿Qué consecuencias podrían resultar de esta decisión o acción? ¿A quién afectará lo que he dicho?

IV. La razón

> "Y Abraham respondió: Porque dije para mí: Ciertamente no hay temor de Dios en este lugar, y me matarán por causa de mi mujer" (Gn. 20:11).

"Ciertamente no hay temor de Dios en este lugar". ¿Tenía Abraham razón al decir eso? Claro que sí. Pero no siempre por tener la razón es correcto lo que decimos o hacemos.

En muchos lugares "no hay temor de Dios", y tenemos que cuidarnos de esos lugares. No dejar que su influencia nos afecte a nosotros, sino nosotros a los que allí estén. Hay fiestas, compañías y reuniones que no le convienen al creyente porque allí "no hay temor de Dios". En muchas conversaciones "no hay temor de Dios". En algunas personas "no hay temor de Dios".

"... y me matarán por causa de mi mujer". Antes, en Egipto, Abraham había dicho más o menos lo mismo: "Cuando te vean los egipcios, dirán: Su mujer es; y me matarán a mí" (12:12).

Quizá Abraham era muy exagerado en reconocer los atributos naturales de su esposa Sara; o ante ella tendría un complejo de inferioridad, y por eso la resaltaba tanto.

"Y a la verdad también es mi hermana, hija de mi padre, mas no hija de mi madre, y la tomé por mujer" (20:12). Abraham revela un secreto familiar: Sara era su media hermana por parte de padre, lo cual era muy común en la sociedad oriental de su época. Él nunca mintió; Taré fue padre de él y de Sara; aunque de madres diferentes. Desde luego, en el relato de Génesis 11:26 eso no se corrobora.

La expresión "y la tomé por mujer" debe entenderse: "y me la tomaron por mujer", ya que esa era la costumbre oriental y del desierto. Él asume la responsabilidad por su decisión de unirse a ella. Luego se embarcó en una explicación para justificar su acción. Al salir "errante" sin lugar fijo y sin itinerario de residencia, le dijo a Sara: "Esta es la merced que tu harás conmigo, que en todos los lugares adonde lleguemos digas de mí: Mi hermano es" (20:13).

Abraham tenía un problema de autoaceptación. Le pidió a ella que dijera: "Mi hermano es", y no "Mi esposo es". Estaba casado, pero quería seguir soltero. Hombre casado, ¡actúa como hombre casado! ¡No juegues al soltero que busca la adulación de las mujeres! Mujer casada, ¡demuéstralo siempre, y no dejes que la coquetería te envanezca! ¡Honra el apellido de tu marido a sus espaldas!

Sea lo que haya dicho o cómo lo haya dicho, lo cierto es que Abraham no fue refutado por Abimelec. Abraham ganó con lógica su argumento. Se supo defender. Habló con sentido y con razón. Abimelec bendijo a Abraham con ovejas, vacas y siervos y siervas, "y le devolvió a Sara su mujer" (20:14; cp. 12:16, 19). A pesar de todo, Sara fue de bendición para la prosperidad financiera del padre de la fe. Todo lo que Abraham llegó a poseer, tenía que dar gracias a Dios primero, y luego a su esposa. ¡Sara fue causa de éxito!

"... y le devolvió a Sara su mujer". No era de Abimelec, era de Abraham. Parejas que pertenecen a otros deben ser devueltas. Abimelec no podía romper ese matrimonio. ¡Cuidado con romper matrimonios! Además, Abimelec le ofreció: "He aquí mi tierra está delante de ti; habita donde bien te parezca" (20:15). El espíritu de generosidad de Abimelec fue extremo. No le negó nada al padre de la fe. Aquel líder estaba sembrando en buena tierra.

Abimelec le dijo a Sara: "He aquí he dado mil monedas de plata a tu hermano: Mira que él te es como un velo para los ojos de todos los que están contigo, y para con todos" (20:16). Luego se añade: "así fue vindicada" (20:17). Abimelec pagó una multa que él mismo se puso, o que Dios le puso en el corazón. Por ser Abraham esposo de Sara, él era su velo, para que otros no la codiciaran ni la desearan. Toda mujer casada tiene a su esposo por "velo". Por lo tanto, ¡es prohibida!

V. La oración

"Entonces Abraham oró a Dios, y Dios sanó a Abimelec y a su mujer, y a sus siervas, y tuvieron hijos" (Gn. 20:17).

Los hombres y las mujeres de fe son hombres y mujeres de oración. "Entonces Abraham oró a Dios". Débil de carácter, pero serio en la oración. Oraba por otros aunque no se lo pidieran. La vida de oración de una persona llamada y usada por Dios determina su grado de efectividad. Llamamientos y ministerios sin oración son "mojiganga" espiritual. A las personas de ministerio se les conoce por su vida de oración.

Aquellos que son apáticos al culto o la reunión de oración en la iglesia local, difícilmente Dios les puede confiar misiones importantes; la congregación debe saber que uno ora, y qué mejor lugar para que sean testigos que orando en el templo.

La oración es la "grasa" que hace mover las "tuercas" de los dones; es la "llave de paso" que se abre para que fluya la unción; es la "contraseña" que da acceso a la fuente divina; es el "dínamo" por el cual fluye la iluminación del Espíritu Santo; es el "puente" que lleva a la revelación divina; es el "teléfono" que conecta directo al cielo; es la "mano" que abre las puertas de hierro; es la "vara" que abre los mares y a las piedras hace dar agua; es la "quijada de asno" con la cual se vence a los filisteos; es la "honda y la piedra" con la cual caen los gigantes; es la "trompeta" con la cual caen los muros.

El resultado de la oración de Abraham fue: "Y Dios sanó a Abimelec y a su mujer, y a sus siervas, y tuvieron hijos". Abraham oró y Dios contestó la oración. Fue una oración por sanidad divina. Abraham tenía el don de sanidad y no lo sabía. Es el único de los patriarcas al que vemos orar por los enfermos.

La esterilidad de la mujer de Abimelec y de las siervas geraritas se relacionó con la actitud de este rey al tomar a Sara por mujer (20:18). Después de la oración de Abraham, Dios les dio a las mujeres gerarítas la fertilidad como regalo, "y tuvieron hijos".

Verdades para ser aplicadas

1. Muchos hombres y mujeres de Dios cometen los mismos errores una y otra vez.
2. Dios puede hablarle a un inconverso.
3. También puede usar a un inconverso para hablarle a un creyente.
4. Con una media verdad podemos fallarle a Dios.
5. La fe y la oración siempre andan juntas y tomadas de las manos.

14

LA FAMILIA DE ABRAHAM

"Y vio Sara que el hijo de Agar la egipcia,
el cual ésta le había dado a luz a Abraham,
se burlaba de su hijo Isaac" (Gn. 21:9).

Introducción

La concepción en Sara y el nacimiento de Isaac se consideran una visitación de Jehová (21:1-2). Abraham le dio el nombre de Isaac, y lo circuncidó a los ocho días (21:3-4). El padre de la fe tenía cien años de edad (21:5). Para Sara, el nacimiento de Isaac le fue causa de risa y su testimonio fue causa de risa para otros (21:6-7). Ismael, el hijo de Agar la egipcia, se burlaba de Isaac, lo que incomodó a Sara (21:8-9). Ella se quejó a Abraham (21:10), lo cual le disgustó (21:11). Dios le habló a Abraham y le dijo que hiciera lo que Sara le pidiera (21:12). Dios prometió hacer de Ismael una nación grande (21:13).

Abraham aparece en esta historia en una escena temprano en la mañana, dando pan y agua a Agar y despidiéndola con Ismael; ambos se fueron errantes al desierto de Beerseba (21:14). Cuando se les terminó el agua, Agar puso a Ismael debajo de un arbusto, y a distancia de él se sentó para verlo morir (21:15-16).

Ismael lloró y Dios lo oyó. El ángel de Jehová vino a Agar y le anunció que no temiera, que Dios había oído de la voz del muchacho (21:17). Le ordenó levantarlo y prometió hacer de él una gran nación (21:18). Allí mismo, milagrosamente, Agar vio una fuente de agua y llenó el odre de agua, del cual bebió Ismael (21:19). Ismael creció en el desierto de Parán. Dios lo acompañó, y llegó a ser un excelente arquero y se casó con una egipcia (21:20-21).

I. El cumplimiento

"Y Sara concibió y dio a Abraham un hijo en su vejez, en el tiempo que Dios le había dicho" (Gn. 21:2).

¡Lo que Dios promete lo cumple! Y si para eso necesitamos un milagro, Él lo hace. Leemos: "Visitó Jehová a Sara, como había dicho, e hizo Jehová con Sara como había hablado" (21:1). Aquí se señalan los verbos: *visitar, decir, hacer* y *hablar*. Dios no separa lo que dice de su presencia, y lo que hace de lo que habla. Su decir y su hablar están ligados a su presencia y a sus hechos.

Me gusta la expresión: "en el tiempo que Dios le había dicho" (21:2). Dios tiene su tiempo para hacer sus cosas. Su promesa se cumplió a tiempo. ¡No fue tarde ni temprano! Muchos no creen en milagros de Dios porque no saben esperar. Se desesperan, se inquietan y quieren las cosas inmediatamente, pero con Dios tenemos que aprender a esperar, tenemos que ser pacientes en su sala de espera. A la edad de noventa años, Sara se convirtió en madre.

Al nacer su hijo, conforme a la palabra dicha por Dios, Abraham le puso por nombre "Isaac". Abraham recordaba en este nombre cuando Sara se rió de que iba a tener un hijo. "Isaac" significa "risa"; habla de la risa de la fe. Los hombres y las mujeres de Dios ríen de fe. Tienen su "Isaac" de risa. Hay que aprender a reír por las promesas y los propósitos divinos en nuestras vidas. La esperanza y la risa son la mejor medicina para las heridas que produce el tiempo. A esos milagros que ocurren en nuestra vida debemos llamarlos "Isaac".

Abraham fue padre de Isaac a la edad de cien años; un centenario era padre (He. 11:11-12). Según Flavio Josefo, Sara tenía noventa años de edad. A los ocho días sometió al infante Isaac al rito de la circuncisión (21:4), y esto demuestra obediencia a Dios por parte de Abraham. La fe y la obediencia son gemelas. Ese paradigma ha sido utilizado por los judíos para circuncidar a sus hijos al octavo día; los árabes desde la época antigua hasta nuestros días lo hacen a la edad de trece años.

Flavio Josefo declara:

> Poco tiempo después, Abram tuvo un hijo de Sara, como le había predicho Dios, y le puso de nombre Isaac, que significa risa. Así lo llamaron porque Sara se había reído cuando Dios le dijo que pariría; no esperaba tener prole a su edad. Sara tenía noventa años y Abram cien. El hijo nació al año siguiente, y fue circuncidado al octavo día, y

> desde entonces los judíos acostumbran a circuncidar a sus hijos dentro de ese término. Los árabes a los trece años, porque Ismael, generador de su pueblo, hijo de Abram y su concubina, fue circuncidado a esa edad (*Antigüedades de los judíos*, tomo 1 [Terrassa: Editorial Clie, 1986], p. 34).

A los trece años de edad, los judíos celebran el *Bar Mitzvah*, donde los varones, en una gran celebración familiar, cargan el rollo de la Ley o Torá, y por primera vez leen en alta voz del mismo. Así se les da la bienvenida como hijos de la Ley, y como hombres que de ahí en adelante podrán orar con los hombres.

Las Sagradas Escrituras dicen de Abraham: "Él creyó en esperanza contra esperanza, para llegar a ser padre de muchas gentes, conforme a lo que se le había dicho: Así será tu descendencia" (Ro. 4:18).

La Traducción en Lenguaje Actual aclara más el sentido del pasaje ya citado: "Cuando Dios le prometió a Abraham que tendría muchísimos descendientes, esto parecía imposible. Sin embargo, por su esperanza y confianza en Dios, Abraham llegó a ser el antepasado de gente de muchos países que también confían en Dios" (Ro. 4:18).

La Nueva Traducción Viviente lo expresa así: "Aun cuando no había motivos para tener esperanza, Abraham siguió teniendo esperanza porque había creído en que llegaría a ser el padre de muchas naciones. Pues Dios le había dicho: 'Esa será la cantidad de descendientes que tendrás'" (Ro. 4:18).

Esperanza contra esperanza implica tener esperanza en algo que se ve sin esperanza, creer en algo sin posibilidades de realizarse, tener la confianza de que algo bueno va a ocurrir aunque todo reúna las condiciones más desfavorables. Abraham creyó por encima del rechazo de la razón humana.

A Sara, el nacimiento de Isaac le produjo un cambio positivo, le dio razón para reír; y la risa le da sentido a la vida. ¡Quien no aprende a reír, no aprende a gozar la vida! ¡Sara daría de mamar a su hijo Isaac! ¡Esto es algo maravilloso para una nonagenaria! A Sara, Dios le puso todo nuevo en su sistema reproductivo. Una anciana dio a luz. El récord de Sara no ha sido todavía superado por ninguna otra anciana.

II. El conflicto

> "Por tanto, dijo a Abraham: Echa a esta sierva y a su hijo, porque el hijo de esta sierva no ha de heredar con Isaac mi hijo" (Gn. 21:10).

El día que Isaac fue destetado, Abraham lo celebró con un gran banquete (21:8). Esto introduce una antigua costumbre hebrea para los infantes:

1. La primera celebración era la presentación y la ofrenda que se hacía por un recién nacido.
2. La segunda celebración era la circuncisión a los ocho días de nacido.
3. La tercera celebración, con comida y convidados, se realizaba el día que el infante era destetado.

La Biblia da importancia al ser humano, desde que nace hasta que muere. Para los hebreos, la vida estaba marcada por eventos particulares; a los anteriores le seguían el compromiso, el casamiento y, finalmente, la muerte. De una manera u otra, en todas las culturas se da importancia a los cambios por los cuales pasa el ser humano, y se celebran.

Sara entonces vio a Ismael, hijo de Agar la egipcia y de Abraham, burlándose de Isaac (21:9). La carne siempre se burla del espíritu; el mundo se burla del creyente; el carnal se burla del espiritual; la tierra se burla del cielo. Nunca debemos burlarnos de otros seres humanos. Defectos en otras personas o incapacidades humanas deben producir en nosotros un sentimiento de lástima, respeto y consideración.

En Gálatas 4:22-23 leemos: "Porque está escrito que Abraham tuvo dos hijos; uno de la esclava, el otro de la libre. Pero el de la esclava nació según la carne; mas el de la libre, por la promesa".

Ismael representa lo que nace de la carne, de nuestras pasiones, de nuestro egoísmo, de nuestros caprichos, de nuestra impaciencia, de nuestras ligerezas, de nuestras inseguridades, de nuestras dudas. Isaac representa lo que nace de Dios, de sus promesas, de la fe, de su voluntad, de su revelación, de su plan, de su Palabra, de su propósito, de su deseo.

Leemos en Gálatas 4:29: "Pero como entonces el que había nacido según la carne perseguía al que había nacido según el Espíritu, así también ahora". Pablo aquí se refería al legalismo que perseguía a los de la gracia; las obras de la carne que se oponían al fruto del Espíritu.

Sara le dijo a Abraham: "Echa a esta sierva y a su hijo, porque el hijo de esta sierva no ha de heredar con Isaac mi hijo" (21:10). La actitud de Ismael produjo rechazo por parte de Sara. Entre ella y Agar no había química, ni tampoco entre Ismael e Isaac; pero ambos eran hijos de Abraham, uno el primogénito y el otro el de la promesa.

Los hijos adoptados o de un segundo matrimonio pueden producir conflictos en una familia. Cualquier actitud por alguno de los hijos de cualquier parte puede tomarse como algo personal por la otra parte.

Cuando Sara se quejó a Abraham, leemos: "Este dicho pareció grave en gran manera a Abraham a causa de su hijo" (21:11). Los sentimientos de Abraham hacia Ismael no eran los mismos de Sara. Por encima de todo, Ismael era su hijo.

Dios le habló a Abraham: "No te parezca grave a causa del muchacho y de tu sierva; en todo lo que te dijere Sara, oye su voz, porque en Isaac te será llamada descendencia. Y también del hijo de la sierva haré una nación, porque es tu descendiente" (21:12-13)

"No te parezca grave a causa del muchacho y de tu sierva". En otras palabras: "No veas esto como algo malo en contra del joven y de la esclava". En la carne, Abraham no podía entender lo que estaba sucediendo, y Dios parece animarlo a que lo entienda en el espíritu. Los tratos de Dios no siempre son entendidos por aquellos que se ven afectados por los mismos.

"... en todo lo que te dijere Sara, oye su voz". En aquel momento, Sara era instrumento de la voluntad de Dios para Abraham, Dios le dice: "oye su voz". Muchos esposos no quieren oír a sus esposas. Su "machismo" les vuelve sordos y ciegos a lo que dicen y muestran sus esposas.

"... porque en Isaac te será llamada descendencia". Dios había escogido a Isaac como la sementera física y espiritual de Abraham. Era el hijo de la promesa no solo por su nacimiento, sino también por su descendencia.

"... y también del hijo de la sierva haré una nación, porque es tu descendiente". Para Ismael habría una promesa terrenal. De él, Dios haría una nación. Notemos la expresión: "porque es tu descendiente". Ismael sería bendecido no por sus méritos, sino por los méritos y el favor de Dios con Abraham.

III. El cuidado

> "Y oyó Dios la voz del muchacho; y el ángel de Dios llamó a Agar desde el cielo, y le dijo: ¿Qué tienes, Agar? No temas; porque Dios ha oído la voz del muchacho en donde está" (Gn. 21:17).

A la mañana siguiente, después de Dios revelarle a Abraham que no interfiriera en lo dicho por Sara, este tomó pan y un odre de agua, se lo dio a Agar, y le entregó a Ismael despidiendo a ambos, que se fueron al desierto de Beerseba (21:14). Los hombres y las mujeres de fe oyen la voz de Dios, escuchan sus mandamientos y le obedecen. No se entretienen jugando a la religión con Dios, sino que corresponden a Dios. Abraham, aun con dolor en su corazón, obedeció a Dios, y eso trajo paz a su corazón.

Agar, al ver que le faltó agua, puso a Ismael debajo de un arbusto y se sentó a corta distancia para esperar a que muriera, mientras él gritaba y lloraba (21:15). El ser humano puede vivir sin alimento hasta cuarenta días; sin agua puede vivir hasta tres días; sin oxígeno, hasta ocho minutos; pero sin esperanza, ni un solo minuto. ¡Nunca le quites la esperanza a una persona!

Agar, con su hijo Ismael, experimentó el mismo rechazo, la misma necesidad, el mismo abandono, la misma prueba. Madres e hijos pasan por lo mismo y viven lo mismo. Agar es la mujer abandonada por su marido, abandonada a su infortunio, que tiene que mantener como madre sola a un hijo. Es la mujer que se queda sin casa, que lo pierde todo, que ve a un hijo gritar y llorar porque tiene necesidades que ella no le puede suplir.

Dios oyó la voz del muchacho, envió a su ángel y este habló con Agar: "¿Qué tienes, Agar? No temas; porque Dios ha oído la voz del muchacho en donde está. Levántate, alza al muchacho, y sostenlo con tu mano, porque yo haré de él una gran nación" (21:17-18).

"¿Qué tienes, Agar?". Otra versión dice: "¿Qué te pasa, Agar?" (TLA). Dios se interesó en preguntarle a Agar sobre su condición. No por una respuesta, sino para llamarle la atención y hacer que ella lo mirara a Él y hablara con Él. Dios ve las angustias y necesidades de una madre. Madre, a ti Dios siempre te preguntará: "¿Qué tienes...?". Dios nunca te dirá lo que tú ya sabes, Él quiere que tú se lo digas a Él.

"No temas". Otra versión traduce "no tengas miedo". Aquella mujer estaba llena de temores. Necesitaba ayuda emocional. Y así están muchas madres. Jesucristo está aquí para impartirles fe y esperanza. Esa es la mejor terapia para cualquier ser humano que esté emocionalmente confuso. A esas madres llenas de temor, Dios les inyecta una dosis de valor: "No temas".

"... porque Dios ha oído la voz del muchacho en donde está". Los oídos de Dios están siempre abiertos para escuchar a alguien necesitado. Allí dónde estaba Ismael, Dios le oyó. Dios pudo traducir su lloro en una oración de súplica y necesidad. A causa de una madre que intercede, Dios escucha los gemidos de los hijos y los ve en su angustia y dolor humano.

"Levántate". Agar necesitaba escuchar eso de Dios. Estaba caída como ser humano. No tenía fuerzas emocionales para levantarse.

Dios le dijo: "Levántate", y eso la restauró y la ayudó a ponerse de pie. Madre, ponte de pie aunque veas que estás sola, necesitada, sin ayuda. Tú sirves a un Dios grande que se preocupa por ti. Madre, tus hijos pueden estar pasando por algún problema serio, pueden estar arrastrados por algún tsunami de circunstancias, pero si tú estás de pie, los podrás ayudar para que ellos también se pongan de pie.

"... alza al muchacho, y sostenlo con tu mano, porque yo haré de él una gran nación". Agar tenía que alzar a su hijo y sostenerlo. Toda madre debe alzar la estima de sus hijos y sostenerlos en sus momentos difíciles como la adolescencia, la juventud, y aun cuando como adultos la necesiten. La madre es aquella que levanta al hijo cuando esta caído. Cree en él o ella cuando ya nadie cree. Tiene la esperanza de que, de lo peor, Jesucristo puede sacar lo mejor. La palabra "madre" es sinónimo de amabilidad, cuidado, cariño.

Veamos la promesa: "porque yo haré de él una gran nación". Solo Dios sabe lo que será de nuestros hijos. Él puede hacer de ellos algo grande, aunque nosotros ahora los veamos pequeños. ¿Qué puede hacer Jesucristo de un hijo o de una hija? Martín Lutero, aquel gran reformador, dijo: "Antes yo tomaba todas las cosas en mis manos, y luego las perdía. Ahora pongo todas las cosas en las manos de Dios, y siempre las mantengo".

Ismael sería un hombre con destino; estaba destinado a ser la sementera de una gran nación, y esa nación sería Arabia y los pueblos árabes (Gá. 4:21-26). Hoy, al leer sobre la raza árabe, no podemos negar que Dios cumplió lo que prometió.

Dios le abrió los ojos a Agar y ella vio una fuente de agua, llenó el odre de agua y le dio de beber a Ismael (21:19). Dios le proveyó a ella para que ella proveyera a su hijo. Una mirada de fe ayudará a cualquier madre a ver la fuente de agua que necesita para sus hijos.

Leemos: "Y Dios estaba con el muchacho; y creció, y habitó en el desierto, y fue tirador de arco y habitó en el desierto de Parán; y su madre le tomó mujer de la tierra de Egipto" (21:20-21).

"Y Dios estaba con el muchacho". Aunque Abraham se separó de Ismael y le dejó, Dios no le dejó; su presencia acompañaba a este muchacho. Aunque les faltemos o les fallemos a nuestros hijos e hijas, Dios nunca les faltará ni les fallará a ellos, si se mantienen bajo las promesas divinas. Dios guarda a cada hijo o hija por las oraciones de una madre como Agar, y los ampara bajo la sombra de sus alas. Jesucristo no dejará de velar por tus hijos donde estén o donde se vayan. Allí, Él los cuidará.

"... y creció y habitó en el desierto". Ismael y sus descendientes serían y son gente de desierto. Dios preparó a sus descendientes para la vida del desierto. A cada cual, Jesucristo nos prepara para algún trabajo, alguna tarea y alguna responsabilidad. A la palmera la ha preparado para las áreas desérticas; pero al café, para crecer debajo de otro árbol.

"... y fue tirador de arco". Fue un hombre temido, valiente, cazador, que manejaba muy bien el arco. Esta sola mención demuestra que fue un excelente arquero. Aquel hijo con promesa "fue tirador de arco". Para tu hijo, madre, Jesucristo tiene también una profesión y un trabajo. Le transformará en alguien diestro con su "arco".

¿Qué destrezas tienes en tu vida? ¿Qué sabes hacer que otros no saben hacer? Jesucristo te ha dado algún don, talento, habilidad y carisma. A David le dio la honda, a Moisés la vara, a Sansón una quijada de asno, a Josué una espada; y a ti, ¿qué te ha dado?

"... y habitó en el desierto de Parán". Con Dios en el desierto crecemos y no estamos solos. Los hombres y las mujeres de Dios se forman en el desierto. Durante nuestra peregrinación espiritual tendremos que cruzar varios desiertos, y cada uno nos prepara para el próximo. El tiempo en el desierto es una oportunidad de crecimiento y de dependencia del Señor Jesucristo.

"... y su madre le tomó mujer de la tierra de Egipto". Su madre le ayudó a escoger su pareja. Ismael fue un hijo que no defraudó a su madre. Él se sometió a su autoridad inmediata. Se dejó guiar, aconsejar y orientar por ella. Ella era su mamá y su papá, y supo honrarla obedeciendo su voluntad.

Verdades para ser aplicadas

1. Los hombres y las mujeres de fe saben esperar el tiempo de Dios para el cumplimiento de sus promesas, y se ríen en fe.
2. Los hombres y las mujeres de fe saben cómo reaccionar ante los conflictos, poniendo a Dios primero.
3. Los hombres y las mujeres de fe saben que, a causa de ellos, la bendición alcanzará también a quienes no les toque.

15

EL COMPROMISO DE ABRAHAM

"Así hicieron pacto en Beerseba; y se levantó Abimelec, y Ficol príncipe de su ejército, y volvieron a tierra de los filisteos" (Gn. 21:32).

Introducción

En el mismo tiempo en que se desarrolló la historia de la expulsión de Agar e Ismael, el rey filisteo Abimelec y su príncipe Ficol se reunieron con Abraham (21:22). Abimelec le pidió a Abraham que no faltara a él ni a sus descendientes y que le tuviera bondad (21:23). Abraham entonces indagó por un pozo que los filisteos le habían quitado (21:24-25), a lo que Abimelec se sintió sorprendido, pero inocente de tal acción (21:26). Como era costumbre del desierto, Abraham le dio ovejas y vacas a Abimelec (21:27), e hizo pacto. Luego Abraham puso aparte siete corderas, como palabra de que él había cavado el pozo en litigio (21:28-30), y llamó aquel lugar Beerseba ("Pozo de siete" o "Pozo del juramento"). Abimelec y Ficol regresaron a territorio filisteo. Allí en Beerseba, Abraham plantó un árbol tamarisco donde invocó a Jehová Dios eterno (21:34). Abraham vivió en tierra filistea mucho tiempo (21:34).

I. La petición

"Ahora, pues, júrame aquí por Dios, que no faltarás a mí, ni a mi hijo ni a mi nieto, sino que conforme a la bondad que yo hice contigo, harás tú conmigo, y con la tierra en donde has morado" (Gn. 21:23).

Esta es una historia de diplomacia, de relaciones políticas, de convenios nacionales, de paz entre pueblos y de compromisos étnicos. "Abimelec" significa "padre del rey" o "mi padre es rey", y "Ficol" significa "poderoso". El primero era el rey y el segundo era el comandante o general de su ejército; ambos se dieron cita con Abraham para hacer pacto de paz y respeto futuro.

Abimelec le dijo: "Dios está contigo en todo cuanto haces" (21:22). El mundo se da cuenta de cuando Dios está con una persona de fe, porque ve lo que él o ella hace. Las acciones hablan más alto que las palabras en aquellos que somos gente de fe.

"Ahora, pues, júrame aquí por Dios, que no faltarás a mí, ni a mi hijo, ni a mi nieto" (21:23). Antiguamente, a los juramentos se les daba mucha importancia. La palabra de un hombre valía mucho. Hoy día, la palabra de un creyente debe tener mucho valor, y aún más cuando se trata de un líder o pastor. Tristemente, de muchos líderes no puede decirse eso.

Abimelec pedía por una bendición generacional para él, para su hijo y para su nieto. Otros, por el contrario, caen bajo maldiciones generacionales para ellos, sus hijos y sus nietos. La generación se define en el Antiguo Testamento cada cuarenta años, y muchos historiadores la establecen en cada veinticinco años de un siglo.

"... sino que conforme a la bondad que yo hice contigo, harás tu conmigo, y con la tierra en donde has morado". Aquí está la ley inexorable de la siembra y la cosecha. Abimelec sembró bondad con Abraham y de Abraham esperaba cosechar bondad. Lo que uno siembra, uno cosecha. ¡Siembra fe y cosecharás fe! ¡Siembra amor y cosecharás amor! ¡Siembra paciencia y cosecharás paciencia! ¡Siembra atención y cosecharás atención! ¡Siembra comprensión y cosecharás compresión! ¡Siembra perdón y cosecharás perdón!

"Y respondió Abraham: Yo juraré" (21:24). Los hombres y las mujeres de fe saben contestar cuando se les pide algo. Abraham dijo dos palabras: "Yo juraré"; notemos que no dijo: "Yo juro". Su juramento era condicional, como veremos más adelante. ¡Cuidado con hacer compromisos a la ligera! Muchos mueren como el pez, por la boca.

II. La queja

> "Y Abraham reconvino a Abimelec a causa de un pozo de agua, que los siervos de Abimelec le habían quitado" (Gn. 21:25).

Antes de hacerle cualquier promesa a Abimelec, Abraham lo llamó a ajustar una cuenta: los siervos de Abimelec le habían quitado un pozo de agua. ¿Por qué será que hay gente en este mundo que se dedica a angustiar a otros? Siempre andan al acecho para ver cómo le quitan algo a alguien que le costó trabajo conseguir. ¡Son depredadores oportunistas! ¡Vampiros emocionales! Abraham reclamó lo que era de él. ¡Nunca dejes que otro te quite el "pozo de agua" que es tuyo! Y si te lo quitan, reclámalo, pero hazlo con diplomacia, no peleando sino hablando. ¡Sé un pacificador y no un instigador!

Abimelec le respondió a Abraham con mucha sabiduría, tacto y contacto humano (21:26).

"No sé quién haya hecho esto". Abimelec mostró ignorancia ante el cargo formulado. A su espalda, sus siervos cometieron una falta contra Abraham. Antes de que culpemos a alguien de encubrir algo, escuchemos su versión. Todo ser humano tiene derecho a presentar defensa ante cualquier acusación. Solo los injustos juzgan y condenan sin permitir a la persona su privilegio de autodefensa.

"... ni tampoco tú me lo hiciste saber". En un proceso parlamentario, Abraham habría sido declarado fuera de orden por el que preside o por algún asambleísta. Uno debe quejarse en el momento de la falta o la ofensa. No se debe esperar mucho tiempo para aclarar algo. Haz saber a otros lo que te han hecho. No temas quejarte ante cualquier autoridad cuando te sientas atropellado o abusado.

"... ni yo lo he oído hasta hoy". Muchos líderes son los últimos en enterarse de algo que está mal. Si algo no te gusta, déjate escuchar a tiempo. ¡Abre tu boca y quéjate a quien tienes que quejarte! ¡Pero hazlo pronto!

III. El juramento

"Por esto llamó a aquel lugar Beerseba;
porque allí juraron ambos" (Gn. 21:31).

Como acto de agradecimiento y de sinceridad por parte de Abraham hacia Abimelec, le regaló ovejas y vacas (21:27). Leemos: "e hicieron ambos pacto" (21:27). Un pacto necesita dos personas, dos partes, una oferta y una aceptación. Jesús de Nazaret también ha hecho un pacto con la humanidad. Así como Abraham dio, Jesús nos dio la salvación y el perdón; se regaló a sí mismo como el "Cordero de Dios" (en latín *Agne Dei*) sin mancha y perfecto.

Abraham tomó siete corderas del rebaño y las puso aparte (21:28). A Abimelec eso le llamó la atención, y le preguntó: "¿Qué significan esas siete corderas que has puesto aparte?" (21:29). A lo que Abraham le respondió: "Que estas siete corderas tomarás de mi mano, para que me sirvan de testimonio de que yo cavé este pozo" (21:30). El padre de la fe todavía continuaba defendiendo su derecho al pozo, porque ese pozo de agua lo había cavado él. Con las siete corderas, Abraham daba testimonio de su palabra.

Ese acto hizo que allí, en aquel lugar y frente a aquel pozo, Abraham y Abimelec hicieran un juramento mutuo (21:31). A aquel pozo le puso Beerseba, nombre también de esa parte del desierto, que significa "Pozo de siete", o "Pozo del juramento," o "siete manantiales". El nombre del pozo le dio nombre a toda aquella región conocida hasta el día de hoy como Beerseba.

Leemos: "Y plantó Abraham un árbol tamarisco en Beerseba, e invocó allí el nombre de Jehová Dios eterno. Y moró Abraham en tierra de los filisteos muchos días" (21:33-34). Abraham fue un plantador de árboles. En Beerseba plantó un árbol tamarisco. Un árbol plantado representa en su desarrollo la resurrección, la esperanza y un futuro lleno de frutos.

En el Salmo 1:3 se lee: "Será como árbol plantado junto a corrientes de agua, que da su fruto en su tiempo, y su hoja no cae; y todo lo que hace, prosperará". En Jeremías 17:8 se lee: "Porque será como el árbol plantado junto a las aguas, que junto a la corriente echará sus raíces, y no verá cuando viene el calor, sino que su hoja estará verde; y en el año de la sequía no se fatigará, ni dejará de dar fruto".

Allí, Abraham se identificó con "el nombre de Jehová Dios eterno". Dondequiera que iba, él levantaba el nombre de Dios, a quien llamó "Él Olan" o "Jehová Dios eterno".

En esa "tierra de los filisteos", el padre de la fe moró un buen tiempo, dando testimonio de su fe teísta y de su religión monoteísta. El que es llamado por Dios mora en cualquier lugar y allí levanta altar a Él.

Verdades para ser aplicadas

1. Los hombres y las mujeres de fe deben ser diplomáticos y personas de palabra.
2. Los hombres y las mujeres de fe deben cuidarse de cómo se quejan ante alguien.
3. Los hombres y las mujeres de fe deben insistir en reclamar lo que legalmente es de ellos.

16

LA ORDEN A ABRAHAM

"Aconteció después de estas cosas, que probó Dios a Abraham, y le dijo: Abraham. Y él respondió: Heme aquí. Y dijo: Toma ahora tu hijo, tu único, Isaac, a quien amas, y vete a tierra de Moriah, y ofrécelo allí en holocausto sobre uno de los montes que yo te diré" (Gn. 22:1-2).

Introducción

El capítulo 22 de Génesis comprende una de las historias bíblicas más enseñadas y predicadas sobre la vida de Abraham: la historia de la orden que Dios dio al padre de la fe para que llevara a su hijo Isaac a tierra de Moriah, y sobre uno de sus montes lo sacrificara (22:1-2).

Acompañado de Isaac, que llevaba la leña, y de dos siervos, Abraham salió a donde Dios le envió (22:3-4). Ese viaje le tomó tres días; y dejando a sus siervos, llegó acompañado únicamente de Isaac al lugar del sacrificio (22:5-6). Isaac le preguntó a Abraham por el cordero, ya que él llevaba la leña (22:7), y su padre le contestó: "Dios se proveerá de cordero para el holocausto, hijo mío" (22:8).

Al llegar a su destino, levantó el altar y ató a su hijo, poniéndolo sobre la leña (22:9). Y cuando ya estaba listo para degollarlo, Dios le habló y le detuvo porque había pasado la prueba (22:10-12). Al alzar su vista, Abraham vio a un carnero trabado por los cuernos en un zarzal, y lo presentó a Dios como sustituto de Isaac (22:13). A aquel lugar le puso por nombre "Jehová-jireh" (22:14). Por ese acto de fe, Dios renovó sus promesas a Abraham (22:15-18).

La historia termina con la noticia recibida por Abraham de que Milca, esposa de su hermano Nacor, le había dado ocho hijos, y de

Betuel, uno de ellos, nació Rebeca, la futura esposa de Isaac (22:20-23). Nacor tuvo cuatro hijos más de la concubina Reúma (22:24)

I. La orden

"Y dijo: toma ahora a tu hijo, tu único, Isaac, a quien amas, y vete a tierra de Moriah, y ofrécelo allí en holocausto sobre uno de los montes que yo te diré" (Gn. 22:2).

"... probó Dios a Abraham" (22:1). Toda esta historia es solo para demostrar que la fe de Abraham fue probada por Dios. Dios nos prueba no para hacernos fracasar o para ser juguetes de algún juego divino, como hacían los dioses mitológicos griegos, sino que nos prueba para glorificarse en nosotros y con nuestro testimonio. Somos probados para demostrar nuestra fe y confianza en Dios.

"Y él respondió: Heme aquí" (22:1). Esta respuesta, "Heme aquí", fue la misma que Isaías le dio a Dios (Is. 6:8). Es una expresión de sometimiento a la voluntad divina, de dejar que el propósito de Dios se cumpla en la vida del creyente. "¡Heme aquí!" es decirle a Dios: "¡Haz conmigo como tú quieras disponer!".

"Y dijo: toma ahora tu hijo, tu único, Isaac, a quien amas, y vete a tierra de Moriah, y ofrécelo allí en holocausto sobre uno de los montes que yo te diré" (22:2). La orden de Dios fue desconcertante y apremiante para el padre de la fe. Tenía que tomar al hijo de la promesa, ir a tierra de Moriah, y en el monte que Dios le indicara ofrecer en holocausto a su hijo. Aquella orden de Dios le rompió a Abraham todos sus esquemas teológicos. Muchos de nuestros esquemas teológicos y tradicionales tienen que ser rotos, para que de esa manera podamos entender el propósito divino para nuestras vidas. El Dios que se le había revelado a Abraham, al cual Abraham adoraba con sacrificios de animales, le estaba pidiendo un sacrificio humano, y no de cualquier persona, sino de Isaac. Aquellos que son hombres y mujeres de fe dejan que Dios les estremezca su teología. Entregan todo lo que Dios les pide, y esperan todo de Dios. Su fe se basa en promesas divinas.

La "tierra de Moriah" es el área geográfica que rodea la actual Jerusalén antigua, y el monte es aquel sobre el cual está edificada la ciudad milenaria de Jerusalén. Dice Flavio Josefo: "Era la montaña en la cual el rey David levantó después el templo" (*Antigüedades de los judíos,* tomo I, [Terrassa: Editorial Clie, 1986], p. 36). Aunque no fue David, sino su hijo Salomón.

Dios fue específico: "al monte que yo te diré". Abraham no podía ir al *monte de Sion,* ni al *monte de los Olivos,* sino al *monte Moriah*. La fe es obediente; por lo tanto, nos lleva al monte al que Dios quiere que vayamos.

"… y se levantó… y fue al lugar que Dios le dijo" (22:3). Abraham madrugaba para hacer la voluntad de Dios. "… se levantó muy de mañana". Los hombres y las mujeres de fe son madrugadores para el trabajo encomendado por Dios. Luego Abraham se preparó para el viaje, "y enalbardó su asno"; dio prioridad a sus asuntos y no postergó nada para después. Fue acompañado: "y tomó consigo dos siervos suyos". A otros les dio la oportunidad de ser partícipes de su aventura de fe.

II. La fe

"Entonces dijo Abraham a sus siervos: Esperad aquí con el asno, y yo y el muchacho iremos hasta allí y adoraremos, y volveremos a vosotros" (Gn. 22:5).

Al tercer día, Abraham llegó a su destino y, estando el lugar aún lejos, a sus siervos los dejó allí y se fue solo con Isaac para adorar a Dios, prometiéndoles que ambos regresarían (22:5). La leña la puso sobre Isaac, y Abraham llevaba el fuego y el cuchillo (22:6). Isaac preguntó por el sacrificio, pero el padre le declaró por fe que Dios proveería (22:8).

"… y yo y el muchacho iremos hasta allí y adoraremos, y volveremos a vosotros" (22:5). ¿Por qué no se llevó a los siervos hasta el lugar del sacrificio? Abraham era un hombre de fe inteligente, y no involucró a otros en el trato de Dios con él. Sabía que lo que Dios le había pedido no era algo rutinario, común, tradicional; en lo racional era un disparate, pero él obedeció con fe. Esa frase, "y volveremos a vosotros", es una proclamación de fe; es una resolución de esperanza, pues confesaba proféticamente su regreso.

"Y tomó Abraham la leña del holocausto y la puso sobre Isaac su hijo" (22:5). Es un cuadro del Señor Jesucristo cargando sobre su espalda el travesaño de la crucifixión (Jn. 19:17). Isaac llevaba la carga como Jesús también llevó la carga del pecado de la humanidad.

"… y él tomó en su mano el fuego y el cuchillo; y fueron ambos juntos" (22:5). Antes de introducirse el sacerdocio levítico, los patriarcas eran los funcionarios sacerdotales. El "fuego" era para quemar el sacrificio, y el cuchillo era para matar a la víctima inocente.

III. La provisión

"Y respondió Abraham: Dios se proveerá de cordero para el holocausto, hijo mío. E iban juntos" (Gn. 22:8).

Isaac le habló a Abraham, pues sabía que tenía el fuego y la leña, pero le faltaba el sacrificio (22:7). Su padre nunca le informó a su hijo de lo que Dios le había ordenado: que él sería el sacrificio. Notemos la sabiduría del padre Abraham al no declararle al hijo Isaac lo que Dios le había revelado. Un padre y una madre sabios sabrán cuándo decir o no decir algo a un hijo o a una hija.

"Padre mío" (22:7). Isaac tenía confianza y respeto a Abraham, y con libertad le podía decir "Padre mío". Jesús de Nazaret muchas veces se dirigió al Dios del cielo, diciéndole "Padre mío" (Mt. 26:39) o "Padre" (Jn. 11:41; Lc. 23:34, 46). ¿Te ve tu hijo a ti como su padre o como su madre? ¿Puedes identificar a un padre espiritual?

"Heme aquí, mi hijo" (22:7). Abraham es el padre accesible y dispuesto, que saca tiempo para escuchar y atender las inquietudes y preocupaciones de su hijo. El Padre celestial también llamó "mi Hijo" a Jesús de Nazaret (Mt. 3:17; 17:5) ¿Reconoces a algún hijo espiritual?

"... ¿dónde está el cordero para el holocausto?". Isaac tuvo una pregunta para su padre Abraham. Todo estaba listo para el sacrificio, pero lo más importante, la víctima que se iba a sacrificar, faltaba. Muchas religiones tienen muchas cosas, pero les falta "el cordero de Dios" que quita el pecado del mundo (Jn. 1:29).

"Y respondió Abraham: Dios se proveerá de cordero para el holocausto, hijo mío. E iban juntos" (22:8). Una vez más, notamos la fe de Abraham: "Dios se proveerá de cordero para el holocausto". Él hacía su parte, y Dios haría la suya. Su fe creyó todo el tiempo que Dios se proveería de cordero. En su fe nunca dudó ni caviló sobre lo que Dios podía hacer.

"E iban juntos" (22:8). Padre e hijo andaban en comunión y en armonía. El Padre celestial y el Hijo terrenal, como personas divinas en el plan de la redención, anduvieron juntos en la ruta del perdón y de la salvación de la humanidad.

Al llegar ambos al lugar señalado por Dios, Abraham levantó el altar de piedra y Isaac le pasó la leña. Abraham ató a su hijo, y lo puso en el altar (22:9). Todo esto es un acto heroico de fe. Si alguna actividad de su vida le acreditó para ser el "padre de la fe", fue esta.

Flavio Josefo, para tratar de explicar el acto de Abraham posiblemente ante sus lectores romanos, creó un discurso que puso en labios de Abraham. Un fragmento del mismo dice:

> ¡Oh, hijo! Muchos votos hice a Dios para que tú nacieras. Cuando viniste al mundo, te eduqué con los mayores cuidados, no habiendo nada que te fuera útil que no me empeñara en conseguir, y nada que me hiciera más feliz que

> la idea de verte hecho un hombre y de dejarte a mi muerte como sucesor de mis dominios. Pero como fue voluntad de Dios que yo fuera tu padre, y ahora es su voluntad que renuncie a ti, acepta con valor tu consagración. Porque te cedo a Dios, que ha considerado conveniente reclamarme esta prueba de veneración por los beneficios que me ha concedido, siendo mi sostenedor y mi defensor.
>
> Como has nacido morirás ahora, no de la manera ordinaria, sino enviado a Dios, padre de todos los hombres, por tu propio padre, por la vía ritual del sacrificio. Sin duda te considera digno de irte del mundo no por enfermedad, ni por guerra, ni por ninguna de las otras maneras corrientes, sino recibiendo tu alma en solemne sacrificio, para ponerte junto a sí; y allí serás mi apoyo y el sostenedor de mi vejez. Para eso principalmente te crié, y tú ahora harás que Dios sea mi consuelo en tu lugar (*Antigüedades de los judíos,* tomo I, [Terrassa: Editorial Clie, 1986], pp. 36-37).

Según el referido autor judío, Isaac recibió con ánimo generoso el discurso de su padre y se sometió a lo dictado por Dios, sin reprochar la orden impuesta.

"Y extendió Abraham su mano y tomó el cuchillo para degollar a su hijo" (22:10). Este cuadro por sí solo pone a cualquiera con los pelos de punta. Señoras y señores, esto no es un cuento religioso; ¡es una historia de la vida real! Abraham no vaciló en hacer lo que Dios le pidió. Dios parece que anestesió a Isaac, pues ni un murmullo ni un grito salieron de su boca. En Isaías 53:7 leemos del Mesías Jesús: "Angustiado él, y afligido, no abrió su boca; como cordero fue llevado al matadero; y como oveja delante de sus trasquiladores, enmudeció, y no abrió su boca".

Cuando ya Abraham estaba por degollar en sacrificio a su hijo Isaac, el ángel de Jehová le habló: "Abraham, Abraham"; él le respondió: "Heme aquí" (22:11). Un fanático no habría escuchado al ángel de Jehová, pero Abraham sí lo escuchó.

Le dijo: "No extiendas tu mano sobre el muchacho, ni le hagas nada" (22:12). Antes le había dicho que lo sacrificara, y ahora le ordena que no lo haga. ¡Solo Dios puede revocar sus propias órdenes!

"Porque ya conozco que temes a Dios" (22:12). Abraham tenía dos hijos: Ismael e Isaac. En el Corán de Mahoma se enseña que era Ismael y no Isaac el que Abraham iba a sacrificar. Pero era Isaac, señalado como "tú único", por ser el "único" de la promesa, el "único" de la elección y del propósito divino, al que Abraham no rehusó entregar a Dios.

Abraham, al alzar los ojos, vio un carnero trabado por los cuernos en un zarzal, y lo tomó como sustituto de Isaac y lo presentó como holocausto (22:13). Aquí se resalta la doctrina de la sustitución: Dios Padre ofreció a Dios Hijo como sustituto de la humanidad en el altar del Calvario. Él murió tomando nuestro lugar.

Leemos: "Y llamó Abraham el nombre de aquel lugar, Jehová proveerá. Por tanto se dice hoy: En el monte de Jehová será provisto" (22:14). El dicho: "En el monte de Jehová será provisto" se hizo un proverbio popular en la cultura del pueblo hebreo. Abraham hizo una confesión profética trascendental.

IV. La bendición

"De cierto te bendeciré, y multiplicaré tu descendencia como las estrellas del cielo y como la arena que está a la orilla del mar; y tu descendencia poseerá las puertas de sus enemigos" (Gn. 22:17).

Por segunda vez, el ángel de Jehová habló a Abraham desde el cielo (12:12, 15-16). La expresión "por cuanto no me rehusaste tu hijo, tu único" (12:12) y "por cuanto has hecho esto, y no me has rehusado tu hijo, tu único" (12:16) es doblemente repetida, dando por sentado cuán complacido estaba Dios con el sometimiento a Él por parte de Abraham. A Dios le agradó que Abraham no le negara lo que Él le había pedido. Allí el ángel de Jehová bendijo a Abraham (22:17-18).

"De cierto te bendeciré". Dios amarra sus promesas a su Palabra. Con lo que Él dice, bendice. A Abraham le aseguró que lo bendeciría, hablaría bien de él, hablaría a favor de él, lo prosperaría.

"... y multiplicaré tu descendencia como las estrellas del cielo y como la arena que está a la orilla del mar" (22:17). En ambos casos, todo esto habla de la multiplicación del pueblo hebreo o judío. A ese pueblo, Dios le dio bendición de multiplicación.

"... y tu descendencia poseerá las puertas de sus enemigos" (22:17). Esa primera puerta fue la ciudad cananea de Jericó (Jos. 6:1-2, 20); otra puerta fue la ciudad cananea de Hai (Jos. 8:1, 18-23). En Josué 12:7-24 se nos ofrece una lista de los enemigos de Israel, a los que ellos derrotaron bajo el mando de Josué: "treinta y un reyes por todos".

Esa promesa, "y tu descendencia poseerá las puertas de sus enemigos", se ha visto cumplida una y otra vez en la historia pasada y presente de Israel. Hoy día, Israel es una pequeña nación, pero es militarmente la poseedora de puertas en el Medio Oriente. Su ejército es disciplinario y temerario. Su armamento militar es el más avanzado y tecnológico de toda la región que le rodea. Israel con su ejército venció a Siria, Egipto, Líbano y Jordania, tomándoles sus puertas.

El pequeño David hebreo todavía continúa derrotando a cualquier Goliat militar que se le ponga de frente. Israel es el pueblo de Dios, por las promesas a los patriarcas; y a pesar de su ceguera espiritual, su humanismo y su rechazo al Mesías Jesucristo, la misericordia divina llueve sobre esa nación. Al apoyar a Israel como nación, nosotros somos bendecidos.

"En tu simiente serán benditas todas las naciones de la tierra, por cuanto obedeciste a mi voz" (22:18). De Abraham vino la bendición a las naciones del mundo: científicamente, médicamente, educativamente, tecnológicamente, intelectualmente, políticamente, filosóficamente, artísticamente, académicamente y comunicativamente; pero, sobre todo, espiritualmente. En Jesús de Nazaret, la bendición de Abraham llegó al mundo entero.

En Hechos 3:24-26 leemos: "Y todos los profetas desde Samuel en adelante, cuantos han hablado, también han anunciado estos días. Vosotros sois los hijos de los profetas, y del pacto que Dios hizo con nuestros padres, diciendo a Abraham: En tu simiente serán benditas todas las familias de la tierra. A vosotros primeramente, Dios, habiendo levantado a su Hijo, lo envió para que os bendijese, a fin de que cada uno se convierta de su maldad".

Todo esto por cuanto Abraham obedeció la voz de Dios. Oyó a Dios y obedeció su Palabra, y fue bendecido para bendecir, hecho bendición para ser bendición a otros. Con gran razón es llamado *el padre de la fe*.

Leemos: "Y volvió Abraham a sus siervos, y se levantaron y se fueron juntos a Beerseba; y habitó Abraham en Beerseba" (22:19). Anteriormente, Abraham les había dicho: "Esperad aquí con el asno, y yo y el muchacho iremos hasta allí y adoraremos, y volveremos a vosotros" (22:5).

La promesa que él confesó por fe, la vio cumplida: se fueron y regresaron. En el mismo lugar donde dejó a sus siervos, allí los encontró cuando regresó con Isaac. Juntos se fueron a habitar en Beerseba.

En Beerseba, Abraham supo que su cuñada Milca, que significa "reina", esposa de Nacor, le dio ocho hijos: Uz, Buz, Kemuel, Quesed, Hazo, Pildas, Jidlaf y Betuel. De este último nació Rebeca, futura esposa de Isaac (su prima segunda, 22:20-23).

También se añade: "Y su concubina que se llamaba Reúma, dio a luz también a Teba, a Gaham a Tahas y a Maaca" (22:24). Es el registro de las tribus arameas por parte del árbol genealógico de Nacor (22:20-24), y evidencia de que Isaac se casó dentro del clan tribal familiar.

Verdades para ser aplicadas

1. Los hombres y las mujeres de fe ponen su fe por encima de la razón y la lógica.
2. Los hombres y las mujeres de fe van preparados y con esperanza a donde Dios los envía.

17

EL DUELO DE ABRAHAM

"Y murió Sara en Quiriat-arba, que es Hebrón,
en la tierra de Canaán; y vino Abraham a hacer
duelo por Sara, y a llorarla" (Gn. 23:2).

Introducción

Sara murió en Hebrón a los ciento veintisiete años (23:1). Allí Abraham la lloró (23:2). De Efrón, hijo de Zohar, heteo, Abraham compró la heredad y la cueva de Macpela (23:8-9), la cual se convertiría en posesión para sepultura (23:20).

Hasta el día de hoy en Hebrón, la cueva de Macpela está cubierta por una mezquita musulmana que protege las tumbas de los patriarcas Abraham, Isaac y Jacob, y de las matriarcas Sara, Rebeca y Lea. Tanto judíos como musulmanes veneran dicho lugar y oran allí.

I. El duelo

"Y murió Sara en Quiriat-arba, que es Hebrón,
en la tierra de Canaán; y vino Abraham a hacer
duelo por Sara, y a llorarla" (Gn. 23:2).

La muerte es una de las experiencias de la vida que tarde o temprano se asomará a cualquier hogar. La familia de Abraham no fue una excepción. Su esposa Sara llegó a la anciana edad de ciento veintisiete años (23:1). Después de que Sara diera a luz a Isaac a la edad de noventa años, vivió treinta y siete años más. Dios la bendijo con la longevidad.

La matriarca Sara falleció en Hebrón, en tierra de Canaán (23:2). Leemos: "Y vino Abraham a hacer duelo por Sara, y a llorarla"

(23:2). Los hombres y las mujeres de fe son también personas con sentimientos y emociones, ríen y lloran. El duelo es un mecanismo psicológico para poder lidiar con la experiencia de haber perdido a un ser querido y acostumbrarnos a estar sin su presencia, aceptando la muerte como parte del último proceso humano.

La palabra "duelo" y "dolor" se parecen; hablan de dolor, amargura y tristeza. El padre de la fe se quedó solo; su compañera se le fue porque Dios la llamó a su presencia. La muerte nos separa del ser querido fallecido o separa al ser querido de nosotros. El duelo nos prepara para enfrentar la vida sin aquel ser o aquellas personas significativas. ¿Quién morirá primero en una pareja? Solo Dios en su soberanía lo sabe. Pero el que queda vivo tiene la difícil tarea de sufrir la partida del que se fue de viaje al más allá. En la muerte de un creyente, la familia sufre la pérdida humana, pero el cielo celebra la misma como una ganancia.

Abraham no solo hizo duelo por Sara, sino que también la lloró. La fe no nos insensibiliza para no llorar. Los hombres y las mujeres de fe saben llorar, se desahogan emocionalmente. Llorar es un mecanismo psicológico de desahogo. El que llora mucho, ríe mucho y ora mucho se mantiene mucho más joven.

En el relato del funeral de Sara no se menciona la presencia de su hijo Isaac, quien se supone que estuvo presente, aunque bien se puede entender la ausencia de Ismael y Agar. En un funeral y un entierro habrá personas que esperamos ver (como familiares y amigos), pero que estarán ausentes; y otros a quienes no esperamos ver estarán presentes. Lo importante es que nos propongamos estar presentes solidarizándonos con la familia y expresando nuestro respeto hacia el fallecido.

II. La petición

"Extranjero y forastero soy entre vosotros; dadme propiedad para sepultar entre vosotros, y sepultaré mi muerta de delante de mí" (Gn. 23:4).

¿Dónde enterramos al ser querido o dónde nos enterrarán a nosotros? Es la pregunta del millón. Uno sabe dónde nació, pero no todos sabemos dónde seremos enterrados. Muchos sí lo saben, porque han hecho ya los preparativos.

En Hebrón, Canaán, Abraham se veía como un "extranjero y forastero", o sea un *extraño de afuera*. Estaba allí, los conocía a ellos, pero sabía que no era parte de ellos; él era hebreo y ellos eran cananeos. Ellos tenían cementerio, y él no tenía cementerio.

Abraham, con la muerta delante, habló a los hijos de "Het" (creo que de "Het" procedieron los *heteos,* como el famoso Urías heteo) (23:3). El hecho de sentirse "extranjero y forastero" no le cohibió de expresarse y declarar su necesidad. Los hijos de Het le respondieron al padre de la fe: "Óyenos, señor nuestro; eres un príncipe de Dios entre nosotros; en lo mejor de nuestro sepulcros sepulta a tu muerta; ninguno de nosotros te negará su sepulcro, ni te impedirá que entierres a tu muerta" (Gn. 23:6).

"Óyenos, señor nuestro...". Uno tiene que aprender a oír a otros. El dolor no debe cerrar nuestros oídos ante aquellos que quieren comunicarnos algo.

"... eres un príncipe de Dios entre nosotros". Los ministros evangélicos dominicanos por lo general se refieren a sus líderes destacados como "príncipes". Aquellos heteos reconocieron que Abraham era un príncipe de Dios y, como tal, tenía que ser honrado. El que es "príncipe de Dios" lo es en medio de cualquiera. En la iglesia es "príncipe", y ante el mundo es "príncipe" de igual manera.

"... en lo mejor de nuestros sepulcros sepulta a tu muerta". Le ofrecieron su cementerio. Me llama la atención la expresión "en lo mejor". A los "príncipes de Dios" se les debe dar lo mejor. El buen trato a un "príncipe de Dios" es un trato a Dios mismo.

Es causa de dolor y tristeza cuando uno ve que a muchos siervos y siervas de Dios, cuando dejan este mundo, a su cadáver no se le da el mejor trato de dignidad. He visto casos en los que nadie quiere asumir la responsabilidad, ya que eso implica gastos económicos. Recuerdo el funeral de un pastor en la ciudad de Nueva York, donde fui a compartir palabras de pésame. Al terminar, el dueño de la funeraria cerró el ataúd enojado y expresó: "Como nadie de la familia quiere pagar, regreso el cadáver y me lo llevo al sótano, y si no avanzan, lo meto al refrigerador, y avisaré a la justicia sobre este abuso a la funeraria". Allí mismo se comenzó a hacer una colecta entre los pastores.

A muchos impíos, malhablados e injustos sus allegados les dan un arreglo funerario mejor que a aquellos que vivieron sirviendo a los demás de manera recta y dando testimonio de Jesucristo. ¡Qué vergonzoso para los hijos de Dios!

Cuando se tiene a un ser querido con una enfermedad terminal, la familia debe irse preparando para cuando la fatídica hora de la muerte los pueda asaltar. Con familiares muy avanzados de edad, se debe hacer un ahorro para cuando ese momento llegue; y de todos modos, se debe tener aparte un ahorro para cualquier emergencia de muerte. A ser posible, se debe tener un seguro de vida. Es muy triste saber de creyentes que a la hora de la muerte de un ser querido tienen que estar pidiendo dinero a otros porque no tienen para el funeral del ser querido.

"... ninguno de nosotros te negará su sepulcro". Para Abraham, no había un "no" por respuesta. Nunca neguemos nada que podamos dar a un "príncipe de Dios".

"... ni te impedirá que entierres a tu muerta". A un "príncipe de Dios" tenemos que dejarlo actuar. Abraham tenía que enterrar a Sara, y ellos no se lo podían impedir. Muchas personas necesitan tiempo para enterrar la memoria de un ser querido. El tiempo es la mejor medicina para un ser humano. Después de que se entierre a un ser querido físicamente, pasará mucho tiempo antes de que se entierre emocionalmente. Tenemos que entender el duelo y el luto de otros.

Ante aquella oportunidad presentada a Abraham, él se adelantó a tomarla (23:7), y dijo: "Si tenéis voluntad de que yo sepulte mi muerta de delante de mí, oídme, e interceded por mí con Efrón hijo de Zohar, para que me de la cueva de Macpela, que tiene al extremo de su heredad; que por su justo precio me la dé, para posesión de sepultura en medio de vosotros" (23:8-9).

"... si tenéis voluntad". Abraham tomó muy en serio las palabras de sus interlocutores. Ellos se ofrecieron a ayudarle, y él aceptó esa ayuda; pero quería saber si sus palabras estaban acompañadas por su voluntad. La voluntad de muchos no está en lo que prometen.

"... oídme e interceded por mí con Efrón hijo de Zohar". Abraham lo que necesitaba de ellos era una mediación a su favor con Efrón hijo de Zohar, dueño de la cueva de Macpela. Lo que él les dijo fue: "Escúchenme y aboguen a mi favor".

"... para que me dé la cueva de Macpela". Abraham sabía lo que necesitaba: la cueva de Macpela. Ese sería el primer cementerio oficial hebreo-judío. Los judíos se han distinguido por sus cementerios, escuelas y hospitales.

Alfonso Ropero declara lo siguiente:

> Durante el primer siglo, los cristianos de Roma no tuvieron cementerios propios. Si poseían terrenos, enterraban en ellos a sus muertos. Si no, recurrían a los cementerios que poseían los paganos. Hasta fines del siglo II no fue un problema el ser sepultados juntamente con los paganos en áreas comunes... Así comenzaron a construir los llamados *koimeteria*, término que significa literalmente "dormitorios". De *koimetérion* viene nuestra palabra "cementerio", es decir, "lugar del sueño"...

> Para un pagano, en efecto, dormitorio era la pieza donde uno se acuesta por la noche y se levanta por la mañana. Para el cristiano era una palabra que lo indicaba todo: se va a dormir para ser despertado; la muerte no es el fin, sino el lugar donde se espera la resurrección de los muertos. Esto explica también por qué los cristianos llamaban el día de la muerte de un mártir "dies natalis" ("día natalicio"), es decir, el día del nacimiento a la verdadera vida" (*Mártires y perseguidores: Historia general de las persecuciones [Siglos I-X]*, [Terrassa: Editorial Clie, 2010], p. 164).

"... que por su justo precio me la dé". Abraham no pidió la cueva de Macpela regalada, él la compraría; pero sí quería pagar un "justo precio". Los cristianos que son personas de negocios, vendedores, contratistas y proveedores de servicios deben ser justos en los precios que ponen. Un inconverso nos puede engañar, pero de un creyente no esperaríamos eso. Tristemente, muchos han sido víctimas de llamados "hermanos de la fe", que hacen un pésimo trabajo, sin garantía, y luego se descubre que fueron más caros que los inconversos. Con el trabajo damos testimonio de nuestra fe cristiana.

"... para posesión de sepultura en medio de vosotros" (23:9). Abraham no quería algo prestado, quería algo que fuera propiedad.

Efrón respondió: "No, señor mío, óyeme: te doy la heredad, y te doy también la cueva que está en ella; en presencia de los hijos de mi pueblo te la doy; sepulta tu muerta" (23:11). ¡Qué bendición! Abraham tendría no solo la cueva sino también la heredad gratis, sin gastar nada. Pero muchas veces lo que se da se puede quitar. ¡Este judío se salió con la suya!

Abraham le respondió: "Antes, si te place, te ruego que me oigas. Yo daré el precio de la heredad; tómalo de mí, y sepultaré en ella mi muerta" (23:13). Él no quería nada regalado. La muerta era de él y nadie podía asumir esa responsabilidad. ¡Cuántos no quieren asumir la responsabilidad del funeral de sus muertos!

Efrón le contestó: "Señor mío, escúchame: la tierra vale cuatrocientos siclos de plata, ¿qué es esto entre tu y yo? Entierra, pues, tu muerta" (23:15). La propiedad estaba cara; pero ese era su precio justo, Efrón no lo infló. Él estaba dispuesto a darle todo a Abraham. La fallecida tenía que ser enterrada, y ya se estaba perdiendo mucho tiempo.

Pero Abraham logró llegar a un acuerdo con Efrón, y en presencia de los hijos de Het le entregó "cuatrocientos ciclos de plata, de buena ley entre mercaderes" (23:16).

¡Las cuentas claras conservan la amistad! Lo gratis y lo barato muchas veces cuesta más en las vueltas de la vida. ¡Negocio es negocio! Abraham hizo una compra "de buena ley entre mercaderes".

III. La posesión

> Y quedó la heredad de Efrón que estaba en Macpela al oriente de Mamre, la heredad con la cueva que estaba en ella, y todos los árboles que había en la heredad, y en todos sus contornos, como propiedad de Abraham, en presencia de los hijos de Het y de todos los que entraban por la puerta de la ciudad (Gn. 23:17-18).

¿Quieres saber por qué los judíos son tan buenos en los negocios? Necesitas estudiar bien este pasaje de Génesis 23. Abraham se quedó con toda la heredad, incluyendo la cueva de Macpela y sus alrededores. No compró nada segregado. En un solo negocio lo adquirió todo. Cuando Dios te dirija a adquirir algo, adquiérelo todo.

Me gusta la declaración, "como propiedad de Abraham". Ese terreno fue lo primero que el padre de la fe adquirió en la tierra prometida de Canaán. Fue el adelanto de la promesa divina.

Abraham compró con testigos: "en presencia de los hijos de Het, y de todos los que estaban por la puerta de la ciudad". Nunca hagas negocios importantes sin la presencia de testigos. Los negocios a escondidas pueden resultar peligrosos. Allí, en la cueva de Macpela al oriente de Mamre, en Hebrón en Canaán, Sara recibió su sepultura con honra y dignidad (23:19).

Leemos: "Y quedó la heredad y la cueva que en ella había, de Abraham, como una posesión para sepultura, recibida de los hijos de Het" (23:20). El patriarca fue el dueño de toda esa propiedad. Además de Sara, Abraham, Isaac, Jacob, Rebeca y Lea fueron sepultados en la cueva de Macpela (25:7-10; 35:28; 49:28-33).

En la autonomía Palestina está la custodia de este lugar sagrado para musulmanes y judíos. ¡Dios primero nos da algo para luego dárnoslo todo! Hoy día, Israel posee mucho de lo que Abraham compró por adelantado.

Verdades para ser aplicadas

1. Los hombres y las mujeres de fe son personas con emociones y sentimientos, que lloran y sufren.

2. Los hombres y las mujeres de fe son príncipes de Dios ante los plebeyos del mundo.
3. Los hombres y las mujeres de fe saben tomar posesión de las promesas de Dios.

18

LA NUERA DE ABRAHAM

"Y la trajo Isaac a la tienda de su madre Sara, y tomó a Rebeca por mujer, y la amó; y se consoló Isaac después de la muerte de su madre. (Gn. 24:67).

Introducción

Ya anciano y bendecido, Abraham instruyó a su anciano criado, el mayordomo, bajo juramento, que de Mesopotamia, la ciudad de su hermano Nacor, buscase esposa para Isaac (24:1-10). Al llegar a un pozo fuera de la ciudad, el criado de Abraham le puso a Dios por señal que la doncella que bajara su cántaro y le diera a beber a él y a sus camellos, fuese la destinada como esposa para Isaac (24:11-14).

Todo esto se cumplió con Rebeca, sobrina de Abraham y nieta de Nacor su hermano (24:15-24). El historiador la describe como una doncella "de aspecto muy hermoso, virgen, a la que varón no había conocido" (24:25), y responsable ante su madre (24:28).

El criado fue recibido por Labán, que posteriormente sería el suegro de Jacob, hijo de Isaac (24:29-32; cp. 28:1-5). A Labán le comunicó el mensaje que le encargó Abraham (24:33-38), y de la señal que él puso para la selección de la esposa de Isaac (24:39-48). Allí le presentó el compromiso formal entre Isaac y Rebeca (24:50-54). Rebeca también aceptó el compromiso (24:55-59). Y ellos la bendijeron (24:60).

Al llegar al "pozo del Viviente-que-me-ve", las miradas entre Isaac y Rebeca se cruzaron, y al cubrirse ella el rostro con el velo, le comunicaba que aceptaba ser su esposa (24:62-67).

I. La instrucción

"... sino que irás a mi tierra y a mi parentela, y tomarás mujer para mi hijo Isaac" (Gn. 24:4).

Los hombres y las mujeres de fe llegan a viejos bendecidos por Dios: "Era Abraham ya viejo, y bien avanzado en años; y Jehová había bendecido a Abraham en todo" (24:1).

De Moisés nos dice el relato bíblico: "Era Moisés de edad de ciento veinte años cuando murió; sus ojos nunca se oscurecieron, ni perdió su vigor". (Dt. 34:7).

¡Qué contraste, Abraham viejo y bendecido, y Moisés viejo, con buena visión y lleno de vigor! Hombres y mujeres de fe: aunque se pongan viejos, su visión nunca envejecerá. Aunque por fuera los años dejen sus huellas sobre nosotros, por dentro nos renovamos en la gracia de Jesucristo.

Abraham el viejo habló a su criado más viejo, su mayordomo, posiblemente Eliezer (24:2; cp. 15:2), y le hizo poner su mano debajo del muslo de él para hacerle un juramento, según la costumbre en sus días. El juramento que se le hizo al criado era para que no tomara para Isaac mujer cananea, sino de la familia o parentela de Abraham (24:3-6). En Abraham se asoma una preocupación, era como si pensara que no viviría mucho tiempo.

La expresión: "Pon tu mano debajo de mi muslo" (24:2) evoca una antigua tradición tribal del Medio Oriente. El juramentado, según aprendí del Dr. Elliot cuando yo era estudiante del New York Theological Seminary, ponía la mano en el área genital, que representaba la fertilidad y la reproducción. Para los antiguos, los órganos genitales eran considerados sagrados.

Leemos: "Sino que irás a mi tierra y a mi parentela, y tomarás mujer para mi hijo Isaac" (24:4). Otra antigua costumbre es aquí introducida, que todavía se practica en el Medio Oriente y en el Oriente: el papel desempeñado por los padres en la selección de la pareja para sus hijos. Abraham quería que Isaac se casara dentro de su clan tribal, para así perpetuar su historia, cultura, tradiciones, y sobre todo su experiencia monoteísta.

El criado le mostró su preocupación de que la doncella no fuese con él, y que, por el contrario, él tuviera que llevar allá a Isaac (24:5). Pero Abraham lo desaprobó: "Guárdate que no vuelvas a mi hijo allá" (24:6). Él sabía dónde quería a su hijo. Luego le recordó al criado la promesa de descendencia y de tierra que Dios le había dado (24:7; cp. 12:7; 13:15; 15:18). Abraham añadió ahora estas palabras: "y tu traerás de allá mujer para mi hijo" (24:7). Si la mujer no quería ir, el criado había cumplido con el juramento, pero Isaac no iría allá (24:8). Acto seguido, el criado hizo la ceremonia genital del juramento (24:9).

El padre de la fe fue práctico, pero a la vez realista. Tenía fe, pero sabía conformarse. En la vida, las cosas no siempre salen como las planeamos o las deseamos, y tenemos que prepararnos mental y emocionalmente para esos reveses y aparentes fracasos.

El criado con diez camellos y regalos escogidos por Abraham, que era la dote que ofrecería por la doncella, viajó a Mesopotamia, dónde vivía Nacor, hermano de Abraham (24:10).

II. La señal

"Sea, pues, que la doncella a quien yo dijere: Baja tu cántaro, te ruego, para que yo beba, y ella respondiere: Bebe, y también daré de beber a tus camellos; que sea ésta la que tú has destinado para tu siervo Isaac; y en esto conoceré que habrás hecho misericordia con mi Señor" (Gn. 24:14).

De manera sabia, el criado se detuvo con los camellos fuera de la ciudad para esperar junto al pozo de agua, y así probar a la doncella que sería la esposa para Isaac (24:4). Allí el criado oró a Dios por el encuentro con la doncella, apelando a la misericordia que Dios tenía con Abraham (24:12). Él sabía que las doncellas tenían la costumbre de ir al pozo por la tarde a buscar agua (24:13), y en su oración le esbozó a Dios algunas señales.

"Sea, pues, que la doncella a quien yo dijere: Baja tu cántaro te ruego para que yo beba" (24:14). Ella tenía que ser una persona dispuesta a ayudar a otros: una mujer con corazón de servidora, que estuviera dispuesta a bajar su cántaro para que otro bebiera. Muchas veces nos hemos entrenado para bajar el cántaro solo para nosotros o para nuestras necesidades y no para las necesidades de otros. A la mujer samaritana, Jesús le dijo: "Dame de beber" (Jn. 6:7). Con esa petición, se inició un diálogo que culminó en la transformación de aquella desgraciada mujer, paradigma del evangelismo personal.

"... y ella respondiere: Bebe, y también daré de beber a tus camellos" (24:14). Además de darle de beber a él, ella daría de beber a sus camellos. Los camellos a causa de sus jorobas, donde almacenan grasa que luego se trasforma en energía, pueden permanecer de cinco a siete días con poca o ninguna alimentación. En el estómago tienen dos cámaras especiales para almacenar agua, lo que les permite permanecer muchos días sin tomar agua. Consumen en unos trece minutos de 120 a 135 litros (30 a 34 galones) de agua. Las patas acojinadas de los camellos les permiten andar en lugares muy rocosos y poder distribuir su peso en la arena del desierto para no hundirse. Aprendí en el desierto del Sahara y el desierto de Sinaí que los beduinos apodan a los camellos "barcos del desierto". Cuando andan en la arena, dan la sensación de estar flotando sobre agua.

Rebeca debería ser una persona con iniciativa propia. Alguien que haría más de lo que le pidieran. ¡Cuánto se necesitan en la obra del Señor hermanos y hermanas creyentes con iniciativa propia, que con solo pedirles algo lo hagan todo!

"... que sea ésta la que tú has destinado para tu siervo Isaac" (24:14). Para hombres de destino en Dios, Él les tiene mujeres de destino. A gente de destino, Dios la conecta con gente de destino en Dios. El destino de Dios y su voluntad operan en armonía produciendo el propósito divino sobre la persona. En Dios necesitamos llegar a nuestro destino.

"... y en esto conoceré que habrás hecho misericordia con mi señor" (24:14). El criado le puso señal a Dios para conocer su misericordia para con Abraham. Fue un hombre de fe inteligente. En su discernimiento aplicaba la sabiduría.

III. La escogida

> "Y la doncella era de aspecto muy hermoso, virgen, a la que varón no había conocido; la cual descendió a la fuente, y llenó su cántaro, y se volvía" (Gn. 24:16).

Cuando el criado terminó su oración, Rebeca, hija de Betuel que era hijo de Milca y de Nacor, el hermano de Abraham, salió con el cántaro sobre el hombro (24:16). El nombre de "Rebeca" significa "una cuerda con nudo corredizo" o "vaca". Ella es descrita como hermosa y virgen que, después de llenar su cántaro, iba de regreso (24:16). No se quedó a hablar con sus amigas para entretenerse en su trabajo. Era una joven responsable, y Dios la escogería para Isaac y para la descendencia de Abraham.

Tal como el criado había orado a Dios, Rebeca le dio a beber agua a él y a todos sus camellos (24:17-20). Leemos: "y el hombre estaba maravillado de ella, callando, para saber si Jehová había prosperado su viaje, o no" (24:21). Algo le decía en el corazón al criado: "Ella es la voluntad de Dios para Isaac". Pero aun así, necesitaba más confirmación.

El criado le entregó a la joven "un pendiente de oro" y "dos brazaletes" (24:22). Le preguntó por su nombre y le solicitó hospedaje, y ella le respondió: "Soy hija de Betuel hijo de Milca, el cual ella dio a luz a Nacor" (24:24). Allí le ofreció hospedaje (24:25). "Betuel" significa "morador en Dios".

Con la respuesta de Rebeca, el criado tuvo la confirmación de que ella era la escogida; y allí mismo adoró a Jehová (24:26), y lo bendijo por haberle guiado al lugar donde llegó (24:27)

Leemos: "Y la doncella corrió, e hizo saber en casa de su madre estas cosas" (24:28). Era una joven que no hacía nada a espaldas de su madre y su familia. Ella y su madre eran amigas. No le guardaba reservas ni secretos a su progenitora. Sabía que una mala decisión podía deshonrar el buen nombre de la familia.

Su hermano Labán, que significa "blanco", corrió al criado de Abraham y le ofreció hospitalidad, acompañado del buen trato y los servicios de su época (24:29-32). El criado rechazó los alimentos diciendo: "No comeré hasta que haya dicho mi mensaje" (24:33). Su mensaje era más importante que los halagos, los reconocimientos y su bienestar propio. Labán, hermano de Rebeca, respondió: "Habla" (24:33). Tuvo oídos y disposición para escuchar.

Más adelante veremos a este mismo Labán como aquel que tuvo dos hijas: Lea (que significa "fatigada", "vaca salvaje" o "gacela") y Raquel (que significa "oveja"), y que hizo a Jacob trabajar siete años por Raquel y la noche de bodas le entregó a Lea (29:15-30). Luego Jacob tuvo que trabajar otros siete años por Raquel. Después, Jacob trabajó siete años con su suegro Labán (29:31), quien le cambió de salario diez veces y lo hizo víctima laboral (31:41).

El criado le repitió a Labán las mismas palabras de Génesis 24:3-8, con ligeras variantes (24:37-41). Notemos cómo él honró las palabras de Abraham. Lo que habla, declara y ordena un hombre o una mujer de fe debe ser honrado. El pasaje de Génesis 24:42-48 es otra repetición de Génesis 24:11-27. Lo que fue una señal de fe, luego se convirtió en un testimonio de fe. Dios confirma su Palabra y sus propósitos mediante la ley de la repetición.

Es interesante que su testimonio es el mismo; lo que le dijo a Dios y lo que le dijo a Labán y demás familia fue lo mismo. No exageró su testimonio. Aquellos que testifican mucho deben cuidarse de no caer en la exageración de los hechos y relatos. A veces, para hacerlos más sensacionales, comienzan a añadir episodios y terminan con narraciones muy hiperbólicas. ¡No exageres tu testimonio!

IV. La petición

"Ahora, pues, si vosotros hacéis misericordia y verdad con mi señor, declarádmelo; y si no, declarádmelo; y me iré a la diestra o a la siniestra" (Gn. 24:49).

El criado ahora va sin rodeos a la encomienda que se le había dado. Lo principal que esperaba de ellos era una actitud de actuar con "misericordia y verdad". O sea: "No me traten a la ligera, espero que aunque yo me vea inmerecido del favor, me consideren, y que lo hagan de todo corazón". Él llegó hasta ellos en busca de un "sí" o un "no". El problema de muchos es que no saben tomar un "no" por respuesta. Siempre desean que a todo les digan "sí".

La fe es realista; aunque confiesa el resultado, se prepara para lo contrario. Fe no es presunción (tener fe en la fe). Fe no es capricho (insistir en tener fe). Fe no es fantasía (tener una fe de cuentos de hadas). Fe es confianza, es seguridad, es esperanza, es aceptación de los hechos. La fe nunca niega las circunstancias; por el contrario, las reconoce y las identifica, y siempre se prepara para lo mejor y para lo peor.

La respuesta de Labán y Betuel fue: "De Jehová ha salido todo esto; no podemos hablarte malo ni bueno" (24:50). Hablaron con fe. Creyeron la palabra de fe. Leemos: "He aquí Rebeca delante de ti; tómala y vete, sea mujer del hijo de tu señor, como lo ha dicho Jehová" (24:51).

En Génesis 24:52 nuevamente vemos al criado adorando y agradeciendo a Dios. Abraham escogió bien al criado que mandó en esta encomienda. Era una persona espiritual, que amaba a Dios y mantenía comunión con Él.

Allí mismo, el criado de Abraham dio la dote por Rebeca, cumpliendo con un contrato social de su época (24:53). La fe no nos exime de las responsabilidades sociales. Actuar en fe no es actuar contra las leyes, ni en ocasiones contra acuerdos contractuales.

El criado y sus acompañantes comieron y pasaron la noche con Labán y Betuel (24:54). Al llegar la mañana, con cortesía, pidió retirarse: "Enviadme a mi señor" (24:54). Pero el hermano y la madre de Rebeca querían que ella se quedara diez días más con la familia (24:55), y el criado insistió en que se tenía que ir, ya que Dios estaba en todo esto (24:56).

Cuando estamos seguros de que Dios está en el asunto, no tenemos que esperar más ni demorarnos en actuar. La fe se mueve sincronizada con el tiempo de Dios.

V. La aceptación

> "Y llamaron a Rebeca, y le dijeron: ¿Irás tú con este varón? Y ella respondió: Sí, iré" (Gn. 24:58).

Ellos llamaron a Rebeca y le preguntaron: "¿Irás tú con este varón?" (24:58). Aunque era el padre o el hermano mayor quien hacía el acuerdo matrimonial, la doncella podía participar en los arreglos muchas veces. Se tiene que tomar una decisión por consenso, lo cual debe ser una norma en toda familia, particularmente si es cristiana. La respuesta de Rebeca fue afirmativa: "Sí, iré" (24:58). Ella salió acompañada por la nodriza (24:59). Su padre y su hermano la bendijeron con estas palabras: "Hermana nuestra, sé madre de millares, y posean tus descendientes la puerta de sus enemigos" (24:60).

Primero la multiplicación: "sé madre de millones". Rebeca sería matriarca para la futura nación de Israel. Dios mostró su propósito para con las mujeres. Dios haría de Rebeca una mujer de destino.

Segundo, la victoria: "y posean tus descendientes la puerta de sus enemigos". Esa "puerta", a mi manera de interpretarlo, fue la ciudad de Jericó, primera ciudad cananea sometida en la conquista hebrea. También alude a los reyes cananeos derrotados por Josué: más de una treintena (Jos. 12:7-24).

Rebeca con sus doncellas acompaña al criado de Abraham (24:61). Isaac venía "del pozo del Viviente que-me-ve" (24:62), y vio la caravana con camellos (24:63). Aquel fue el mismo pozo donde Jehová Dios socorrió y proveyó para Agar (18:13-16).

Es interesante lo que se nos declara de Isaac: "Y había salido Isaac a meditar en el campo, a la hora de la tarde; y alzando sus ojos miró, y he aquí los camellos que venían" (24:63). Isaac era un hombre de meditación, de oración, de buenos hábitos espirituales.

Entre Rebeca e Isaac hubo amor a primera vista: "Rebeca también alzó sus ojos, y vio a Isaac, y descendió del camello" (24:64). Ambos se gustaron al verse el uno al otro. Dios nunca dará una pareja que no le guste a la otra persona. Aunque lo físico atrae en una relación, la personalidad, el carácter, los sentimientos y los gustos deben ser claves en la decisión que se tome para tener una pareja. ¡No nos dejemos llevar por el envase únicamente, busquemos el contenido!

Rebeca preguntó: "¿Quién es este varón que viene por el campo hacia nosotros?" (24:65). La mejor manera de conocer la voluntad de Dios en cuanto a la pareja que uno desea por compañero es preguntar: "¿Quién es…?". La palabra "novio", si la ponemos en dos silabas es: *no-vio*. Así es el noviazgo, en el que no se ven muchas cosas que se verán años después de estar casados.

El criado le respondió: "Este es mi señor" (24:65). Allí ella entendió que Isaac había sido destinado para ella. Leemos: "Ella entonces tomó el velo, y se cubrió" (24:65). El velo era únicamente utilizado por las mujeres casadas, lo cual se practica en los seguidores del islam. Al cubrirse con el velo, ella le comunicaba a Isaac que lo aceptaba como esposo. En la ceremonia de matrimonio, la novia se cubre con un velo (aunque esta práctica se ha ido abandonando últimamente).

El criado le presentó un informe a Isaac de lo ocurrido (24:66), y él la tomó a ella por esposa y la trajo a la tienda de Sara (24:67). Leemos: "Y la amó" (24:67). Una cosa es querer y otra es amar. El querer es posesivo, "yo quiero", o él o ella "quiere". El amor es darse: "yo amo", "él ama" o "ella ama".

La presencia de Rebeca llenó el vació sentimental que la muerte de Sara dejó en el corazón de Isaac: "Y se consoló Isaac después de la muerte de su madre" (24:67). Esto indica que Isaac estaba todavía en un proceso de duelo por la partida de su madre. Sara había fallecido hacía ya unos dos o tres años, cuando Isaac tenía treinta y siete o treinta y ocho años. (A los ciento veintisiete años que vivió Sara se les restan treinta y siete años de la edad de Isaac y tenemos la suma de noventa años, que fue la edad cuando Sara tuvo a Isaac).

Pero eso no significa que Rebeca sería una madre para Isaac, sino su esposa. Muchos hombres buscan en su pareja la figura de una madre; y muchas mujeres buscan en la pareja la figura del padre, lo cual es psicológicamente incorrecto.

Leemos: "Y era Isaac de cuarenta años cuando tomó por mujer a Rebeca, hija de Betuel arameo de Padan-aram, hermana de Labán arameo" (25:20). A la edad de cuarenta años, que representa una generación completa, el ser humano ya debe estar realizado.

Verdades para ser aplicadas

1. Las personas de fe llegan a viejos siendo bendecidos.
2. Las personas de fe encargan a gente de fe para confiarles sus cosas.
3. Las personas de fe tienen servidores que saben escoger lo mejor para ellos.

19

LA MUERTE DE ABRAHAM

"Y estos fueron los días que vivió Abraham: ciento setenta y cinco años. Y exhaló el espíritu, y murió Abraham en buena vejez, anciano y lleno de años, y fue unido a su pueblo. (Gn. 25:7-8).

Introducción

Abraham, el padre de la fe, llegó a anciano lleno de fuerzas y fructífero. Ya viejo tomó por mujer a Cetura (25:1), la cual le dio a luz seis hijos llamados Zimram ("antílope"), Jocsán ("trampa" o "cepo"), Medán ("juicio"), Madián ("disputa"), Isbac ("comparecer ante" o "sobresalir") y Súa ("depresión"), (25:2), los cuales fueron progenitores de clanes tribales (25:3-4). Del hijo llamado Madián descendieron aquellos crueles opresores de Israel que se mencionan tanto en los anales veterotestamentarios, y con particularidad en Jueces 6:1-6; 7:12-23; 8:1-12.

A pesar de tantos hijos, Abraham nombró como heredero único a Isaac (25:5); aunque honró a sus otros hijos (25:6), a quienes separó de Isaac (25:6).

Abraham llegó a la longeva edad de "ciento setenta y cinco años" (25:7), muriendo "en buena vejez, anciano y lleno de años" (25:8). Sus hijos Isaac e Ismael lo sepultaron en la cueva de Macpela (25:9). Isaac, después de muerto su padre, fue bendecido y habitó cerca del "pozo del Viviente-que-me-ve" (25:11).

I. La fructificación

"Abraham tomó otra mujer, cuyo nombre era Cetura, la cual le dio a luz a Zimram, Jocsán, Medán, Madián, Isbac y Súa" (Gn. 25:1-2).

A la edad de setenta y cinco años, Abraham salió de Ur de los caldeos, y Jehová el Señor le prometió engrandecerlo y bendecirlo (12:1-4). A la edad de noventa y nueve años, Dios le dio la promesa del heredero Isaac (17:19), el cual nació cuando Abraham tenía cien años de edad (21:1-6).

El nombre de "Cetura" significa "incienso", o "la perfumada", o "fragancia". En una nueva relación matrimonial se debe buscar a una pareja que huela bien espiritualmente. Abraham, en los últimos años de su vida, llegó a ser padre de seis hijos más (25:1-6). Hombres y mujeres de fe, líderes de fe y creyentes de fe llegarán a viejos con una unción de crecimiento y multiplicación. La edad no los hará estériles en la reproducción. ¡Crecerán y se multiplicarán! ¡Engendrarán sueños y visiones!

De Abraham nació siempre algo nuevo. Todo alrededor de él envejecía, pero él se mantenía "en buena vejez". La "vejez" para muchos no es "buena", sino "mala". En vez de tener una "buena vejez", es para ellos soledad, depresión, nostalgia, quejas, contienda, rechazos, manías, groserías y entremetimientos.

Leemos del anciano Jacob en diálogo con Faraón: "Y dijo Faraón a Jacob: ¿Cuántos son los días de los años de tu vida? Y Jacob respondió a Faraón: Los días de los años de mi peregrinación son ciento treinta años; pocos y malos han sido los días de los años de mi vida, y no han llegado a los días de los años de la vida de mis padres en los días de su peregrinación" (47:8, 9).

El envejecimiento es un proceso natural de la vida. El cuerpo se va desgastando con el paso de los años, pero la actitud que se tome ante este proceso es muy determinante para el ser humano. Uno llega a viejo, pero no se tiene que sentir viejo. Un día nos miramos al espejo y notamos los surcos que la edad ha ido dejando, miramos los brazos y vemos las manchas de la vejez. El alma-espíritu nunca envejece; la casa se deteriora, pero no el inquilino espiritual.

II. La decisión

"Y Abraham dio todo cuanto tenía a Isaac" (Gn. 25:5).

Isaac, el hijo de la promesa, recibió la herencia del padre de la fe. Abraham le reservó todo para él. Las promesas serán siempre para el hijo de la promesa. La Iglesia recibirá la herencia del Padre.

Las bendiciones de Dios que serán para ti, y serán mías, nadie las puede reclamar para sí. Lo que Dios nos promete, Él nos lo dará, con la única condición de que nos mantengamos fieles a su pacto. Los dones de Dios son irrevocables para con quienes ya está establecido un propósito: "Porque irrevocables son los dones y el llamamiento de Dios" (Ro. 11:29). Dios realiza sus propósitos, es decir, su voluntad deliberada, con aquellos que por su gracia Él ha llamado. La única persona que puede interrumpir el programa de Dios en la vida de uno es uno mismo.

Abraham, el padre de la fe, "dio todo cuanto tenía a Isaac". ¡Qué tremenda declaración! Por ser "unigénito", el "único" (aunque tenía a su hermano mayor Ismael y seis hermanos más), Abraham le dio "todo cuanto tenía". Le dio sin reservas, y así hace con nosotros el Padre celestial. Sus bendiciones, sus favores, sus dones, son sin reservas. ¡Gloria sea ahora y siempre a su nombre!

Leemos: "Pero a los hijos de sus concubinas dio Abraham dones, y los envió lejos de Isaac su hijo, mientras él vivía, hacia el oriente, a la tierra oriental" (25:6).

"Pero a los hijos de sus concubinas". No tuvo solamente a su mujer Agar, tuvo a Cetura, y quién sabe si algunas más. El milagro de Dios le dio mucha vitalidad. Era un anciano potente y milagroso, porque la fe nos hace potentes y milagrosos. Ellos eran el fruto de sus obras y no de su fe. Muchos frutos en el ministerio y la vida del creyente no vienen como resultado de la fe, sino de las obras propias, pero hay que dejar a la fe producir.

"Dio Abraham dones". Aunque no les tocaba nada, Abraham también les dio regalos, dádivas o dones. Muchos son bendecidos aunque no se lo merecen. Reciben, aunque no hay promesas para ellos. Esa es la gracia de Dios manifestada.

"Y los envió lejos de Isaac su hijo". El hijo de la fe y los hijos de las obras no podían convivir. Las obras y la fe se separan. La promesa viene por fe y no por obras. No negamos que la fe produce obras, pero las obras no producen fe.

La fe justifica (Ro. 5:1), las obras no justifican (Ef. 2:8-9). Las obras no salvan, pero los salvados hacen obras. Todo aquello que es producto y fruto de la carne, de nuestra propia voluntad, se tiene que separar de lo que es resultado de la fe. Entre el espíritu y la carne debe haber una gran distancia de separación. Pero también debe haber una gran atracción espiritual.

"Mientras él vivía". Abraham se dedicó a cuidar de la fe transmitida a Isaac. Alguien tiene que cuidar a los hijos e hijas de la promesa. Los hombres y las mujeres de fe, mientras vivan, cuidarán de las promesas de Dios para sus vidas.

"Hacia el oriente, a la tierra oriental". Esta área geográfica es hoy día Jordania o Transjordania. Abraham separó a los hijos de la carne del hijo del Espíritu. El hijo de la promesa no puede vivir con los hijos del compromiso.

A nosotros también, como el Isaac de Dios, nuestro Padre celestial tiene que distanciarnos de muchas cosas familiares, que buscarán apagar nuestra fe y nuestra esperanza; cosas con las cuales estamos acostumbrados a convivir y no las consideramos dañinas. Nuestro Padre celestial sí las ve peligrosas para nuestra vida espiritual.

III. La longevidad

"Y estos fueron los días que vivió Abraham:
ciento setenta y cinco años" (Gn. 25:7).

Abraham llegó a vivir una vida completa y longeva. Dios le dio un buen extra de años. Vivió en mucha comunión con Dios, y Él le dio muchos años de vida. Con Dios, todo lo que se hace es inversión.

"Y murió Abraham en buena vejez" (25:8). Él llegó a viejo con mente, corazón y fuerzas de joven. Su vejez no le fue de estorbo a él ni a otros que le rodeaban; por el contrario, le fue de bendición. Podemos llegar a ser una mente joven atrapada en un cuerpo viejo. Pero otros tienen una mente vieja encerrada en un cuerpo joven. Por eso tenemos viejos jóvenes y jóvenes viejos.

Flavio Josefo añade:

> Poco tiempo después murió Abraham. Fue un hombre de virtudes incomparables, favorecido por Dios por su gran piedad. El total de su vida fue de ciento setenta y cinco años; fue sepultado en Hebrón, junto con su esposa Sara, por sus hijos Isaac e Ismael (*Antigüedades de los judíos,* tomo 1, [Terrassa: Editorial Clie, 1986], p. 41)

"Anciano" (25:8). En la ancianidad hay honra. Es un don de Dios. Aquel que lo ha recibido, dele gracias al Creador y regocíjese por esa bendición. Debemos aceptar la ancianidad con mucha gracia, y vivir al máximo esos años de la tercera edad.

"Y lleno de años" (25:8). Los años llenan o vacían a cualquier ser humano. Sin Dios, los años vacían, y con Dios los años llenan. ¿Queremos estar llenos de años o vacíos con los años?

La expresión: "Y fue unido a su pueblo" (25:8) alude a que en su muerte se unió a toda esa familia que había fallecido y estaba sepultada; de ahí la práctica de los judíos de tener sus propios cementerios. Pero la muerte no siempre une a alguien con la familia, pues un no creyente que muere jamás se unirá con los creyentes ya fallecidos. (Lógicamente, solo Dios sabe en realidad quién se montó en el último vagón del tren de la salvación). En el cielo habrá muchas sorpresas. A quienes esperamos ver en el cielo, quizá no los veamos; a quienes no esperamos ver en el cielo, quizá los veamos, y muchos que no esperaban vernos en el cielo se sorprenderán de vernos.

Si Jesucristo no viene y se lleva a su Iglesia en nuestros días, la muerte sigilosa llegará y reclamará nuestras vidas. No podemos pensar con preocupación en ese día de la muerte señalado para cada uno de nosotros, pero tampoco podemos dejar de pensar en que llegará más tarde o más temprano de lo que uno se pueda imaginar. Mientras tanto, nos corresponde trabajar cuando es de día, antes de que llegue la noche. En el Evangelio de Juan 9:4 leemos: "Me es necesario hacer las obras del que me envió, entre tanto que el día dura; la noche viene, cuando nadie puede trabajar".

Abraham fue sepultado junto a la matriarca Sara (25:10), en la cueva de Macpela (que significa "la cueva doble"), ubicada frente a Mamre (25:9). De ahí la antigua costumbre judaica de tener sus propios cementerios, donde son sepultados los judíos, hasta donde les es posible, por familias. Allí, en aquel sepulcro, según Flavio Josefo, se reunieron sus dos hijos: Ismael (89 años de edad) e Isaac (75). Los funerales y los entierros reúnen a la familia. Es un momento para reconciliar antiguas rencillas, y volver a ser de nuevo familia. Los mismos nos llevan a pensar cuán breve es la vida para nosotros los mortales.

Leemos: "Y sucedió, después de muerto Abraham, que Dios bendijo a Isaac su hijo, y habitó Isaac junto al pozo del Viviente-que-me-ve" (25:11).

Aunque el padre de la fe, Abraham, murió, no murió la bendición de Dios que continuó con Isaac. Muchas bendiciones son transgeneracionales, pasan del abuelo al padre y al nieto. Dios bendijo a Abraham, pero bendijo de igual manera a Isaac.

Un líder muere, pero la visión de Dios dada a ese líder no muere. La obra de Jesucristo no se queda a medias porque el instrumento humano muera. La misma continuará, y Jesucristo usará a otro con su obra. El reloj de la vida continuará marcando el tic-tac de su hora.

Verdades para ser aplicadas

1. Los hombres y las mujeres de fe son fructíferos aun en su vejez.
2. Los hombres y las mujeres de fe se separan de cosas familiares que no les convienen.
3. Los hombres y las mujeres de fe viven bendecidos y mueren bendecidos; su vejez es buena.

EDITORIAL
PORTAVOZ

NUESTRA VISIÓN

Maximizar el efecto de recursos cristianos de calidad que transforman vidas.

NUESTRA MISIÓN

Desarrollar y distribuir productos de calidad —con integridad y excelencia—, desde una perspectiva bíblica y confiable, que animen a las personas a conocer y servir a Jesucristo.

NUESTROS VALORES

Nuestros valores se encuentran fundamentados en la Biblia, fuente de toda verdad para hoy y para siempre. Nosotros ponemos en práctica estas verdades bíblicas como fundamento para las decisiones, normas y productos de nuestra compañía.

Valoramos la excelencia y la calidad
Valoramos la integridad y la confianza
Valoramos el mérito y la dignidad de los individuos y las relaciones
Valoramos el servicio
Valoramos la administración de los recursos

Para más información acerca de nuestra editorial y los productos que publicamos visite nuestra página en la red: www.portavoz.com